职业教育一体化课程改革系列教材——智能楼宇

管线敷设

崔 平 韦 政 张清良 邱孝扬 主编

西南交通大学出版社

·成 都·

图书在版编目（CIP）数据

管线敷设 / 崔平等主编. —成都：西南交通大学出版社，2019.2
ISBN 978-7-5643-6681-0

Ⅰ. ①管… Ⅱ. ①崔… Ⅲ. ①管道敷设 – 职业教育 – 教材 Ⅳ. ①U175.5

中国版本图书馆 CIP 数据核字（2018）第 290760 号

管线敷设

崔 平 韦 政 张清良 邱孝扬 主编

责任编辑	李 伟
助理编辑	何明飞
封面设计	何东琳设计工作室
出版发行	西南交通大学出版社 （四川省成都市二环路北一段 111 号 西南交通大学创新大厦 21 楼）
发行部电话	028-87600564 028-87600533
邮政编码	610031
网址	http://www.xnjdcbs.com
印刷	四川煤田地质制图印刷厂
成品尺寸	210 mm×285 mm
印张	12.75
字数	385 千
版次	2019 年 2 月第 1 版
印次	2019 年 2 月第 1 次
书号	ISBN 978-7-5643-6681-0
定价	32.00 元

课件咨询电话：028-87600533
图书如有印装质量问题　本社负责退换
版权所有　盗版必究　举报电话：028-87600562

深圳第二高级技工学校
工学一体化课程配套改革系列教材丛书编委会

主任 　张　文　　余野军　　罗德超

编委 　郭仲伦　　马　跃　　王朝武　　周　烨

　　　　郭　伟　　陈　群　　尚　丽　　陈飞健

　　　　闵国光　　郑庆元　　梁　健　　张雅婷

前 言

为加快培养我国高技能人才的速度，2009年国家人力资源和社会保障部根据当代国际先进的职业教育理念，结合国内技工教育的实际现状，下发〔2009〕86号文《技工院校一体化课程教学改革试点工作方案》，布置在全国技工院校开展工学结合一体化教学（以下简称一体化）阶段性试教工作。通过试教、总结、完善和提高，自2011年9月开始在全国各技工院校逐步推广和应用。

深圳第二高级技工学校根据人力资源和社会保障部一体化教学相关文件精神，于2011年9月开始由学校领导班子、专业教师和大中型企业专家、工程师以及一线技术人员等组成《楼宇自控设备安装与维护》专业一体化工作专家委员会，并选派骨干教师组成学习团赴德国以及国内技术院校进行学习交流，学习当前国内和世界上先进的职业教育理念。同时，专门组织专业教师到工厂企业深入调查研究，广泛征询企业管理人员、技术员和一线岗位操作工人对专业学生就业能力的意见和建议。按照国家职业标准、一体化课程开发标准和专业培养目标对专业一体化教学的典型载体、课程标准、教学工作页、评价体系等进行研究和开发。

在探索过程中，我们始终坚持典型工作任务必须来源于企业实践的原则，经过长达6个月的企业调查，从众多企业需求中进行遴选、提炼和总结，再经一系列教学化处理，设计了一批既满足企业需要又符合一体化教学要求的典型工作任务。

在专家委员会的指导下，由学校相关学科的骨干课程专家、有实践经验的专业教师、实践专家和部分企业专家组成一体化课程设计组，将典型工作任务经过教学化处理，将工作任务转化成相应的学习领域，确定各课程的学习任务、目标、内容、方法、流程和评价方法，并以典型任务中综合职业能力为目标，以人的职业成长和职业生涯发展规律为依据，编写"课程设计方案"和"学材"，经过多次探索、修改和教学实践，基本完成了一套符合教学需求的工作页，把理论教学与实践工作融为一体，突破了传统理论与实践分割的教学模式。

此外，根据典型工作任务中工作过程要素，参考企业规章制度、工具材料领取等环节设计了真实的学习情境，使学生感受到完成学习任务的过程即为企业工作任务的情景，加快从学生到劳动者角色的转变。

《管线敷设》是在学校按照专业论证方法进行了大量科学系统的实证研究基础上开发的《楼宇自控设备安装与维护》专业工学一体化系列教材之一。本课程教学以培养学生综合职业能力为目标，以具体工作任务为学习载体，按照工作过程和学习者自主学习的方式设计和安排教学活动。本书以工作任务和学习活动为导向，包括工程现场认知、PVC管/槽敷设、镀锌管/槽敷设、信号线敷设与测试、配电线缆敷设与测试等内容。本书除可面向全日制在校学生进行教学外，也可用于智能楼宇安装施工人员的专项培训。

经过两年多的一体化教学实践，参与一体化教学探索和实践的专业发生了两个根本性转变，一是参加一体化教学的老师对实施一体化教学的认识态度上发生了转变，从不知所措转变为积极探索；二是学生由被动学习到主动和积极，加快了教学以学生为中心的转变。事实证明，一体化教学法是当前我国职业教育中行之有效的一种教学模式，它符合中国国情和经济需要。

目前，国内很多职业院校也在开展一体化教学试验工作，我们在此抛砖引玉，敬请各位专家及老师提宝贵意见，以便我们改正和提高。本书由崔平、韦政、张清良、邱孝扬编写，在编写过程中学校任课老师和企业工程师们对本书提出了宝贵意见，在此表示衷心感谢。

由于时间仓促，编者水平有限，缺乏经验，书中难免会有疏漏之处，恳切期望广大读者批评指正。

编 者
2018 年 9 月

目录

学习任务一 工程现场认知 ·· 1
    学习活动一 职业安全认知 ·· 2
    学习活动二 图纸识读 ·· 9

学习任务二 办公楼PVC线管敷设 ··· 15
    学习活动一 明确PVC线管敷设任务及勘查施工现场 ······································ 17
    学习活动二 PVC管敷设——施工前的准备 ··· 22
    学习活动三 PVC管敷设——现场施工 ·· 28
    学习活动四 工作总结与评价 ·· 35

学习任务三 办公楼镀锌线管敷设 ·· 41
    学习活动一 明确镀锌线管敷设任务和勘查施工现场 ······································ 43
    学习活动二 镀锌线管敷设——施工前的准备 ·· 46
    学习活动三 镀锌线管敷设——现场施工 ·· 48
    学习活动四 工作总结与评价 ·· 52

学习任务四 办公室PVC线槽敷设 ··· 59
    学习活动一 明确PVC线槽敷设任务和勘查施工现场 ····································· 61
    学习活动二 PVC线槽敷设——施工前的准备 ··· 65
    学习活动三 PVC线槽敷设——现场施工 ·· 68
    学习活动四 工作总结与评价 ·· 70

学习任务五 办公楼镀锌线槽敷设 ·· 76
    学习活动一 明确镀锌线槽敷设任务和勘查施工现场 ······································ 78
    学习活动二 镀锌线槽敷设——施工前的准备 ·· 83
    学习活动三 镀锌线槽敷设——现场施工 ·· 86
    学习活动四 工作总结与评价 ·· 94

学习任务六 办公室配电线缆敷设与测试 ··· 100
    学习活动一 明确配电线缆敷设与测试任务和勘查现场 ···································· 101
    学习活动二 配电线缆敷设与测试——施工前的准备 ······································ 103
    学习活动三 配电线缆敷设与测试——现场施工 ·· 110
    学习活动四 工作总结与评价 ·· 119

学习任务七　办公区信号线的敷设与测试 125
学习活动一　明确信号线的敷设与测试任务和勘查施工现场 127
学习活动二　信号线的敷设与测试——施工前的准备 131
学习活动三　信号线的敷设与测试——现场施工 134
学习活动四　工作总结与评价 139

附录　学习资源库 145
基础知识一　安全防护用具 145
基础知识二　安全标志 148
基础知识三　消防安全常识 148
基础知识四　紧急救护 149
基础知识五　7S 管理 151
基础知识六　电气图形符号常识 154
基础知识七　安全法规以及安全常识 158
基础知识八　电锤、电钻操作规范及常识 161
基础知识九　工作计划的制订方法 165
基础知识十　工作总结的方法与技巧 166
基础知识十一　电缆线槽安装要求及规范指导 168
基础知识十二　导线类型、特性及用途 172
基础知识十三　配电线路管内敷设 173
基础知识十四　万用表的使用方法 176
基础知识十五　线缆敷设验收项目及方法 179
基础知识十六　信号线缆结构及特点 179
基础知识十七　信号线缆制作 182
基础知识十八　网络模块的制作 187
基础知识十九　信号线缆的测试 190
基础知识二十　信号线敷设施工及测试 191
基础知识二十一　信号线缆敷设验收 193

参考文献 196

学习任务一　工程现场认知

【学习目标】

（1）职业安全认知。
（2）智能楼宇系统认知。
（3）图纸识读。

【建议学时】

28学时。

【学习地点】

实训室。

【学习资源】

（1）用户手册、互联网资源。
（2）工具设备材料。
（3）多媒体设备、产品说明书。
（4）相关国家标准、行业规范。

【任务描述】

新建的教学楼，需要对弱电工程（包括综合布线系统、消防系统、安防系统、设备监控系统、通信网络系统）和室内配电线进行施工。根据教学需求，为隐蔽工程的管线施工做准备，现在需要对施工现场情况进行勘查，收集管线敷设设计和施工需要的资料便于后续施工。

学习活动一　职业安全认知

学习目标

（1）能正确使用安全帽、安全带。
（2）能识别施工现场警示标志。
（3）能进行现场急救。
（4）能准确描述 7S 工作管理内容。

建议学时

18 学时。

学习过程

一、正确使用安全帽、安全带

（1）你认识表 1-1-1 中的劳动防护用具吗？请填写表格。

表 1-1-1　劳动防护用具

序号	名　称	图　示	用　途
1			
2			
3			

（2）简述安全帽的种类和佩戴方法？（文字简述 + 现场讲述）

（3）简述安全带的使用方法？（文字简述 + 现场穿戴）

二、施工现场警示标志识别

引导问题 1：图 1-1-1 中的施工现场警示标志、警告语、安全通道标志你认识几个？

图 1-1-1　施工现场标志

引导问题 2：你知道进入施工现场前要做哪些准备吗？

管线敷设

（1）施工现场警示标志（见图1-1-2）。

图 1-1-2　施工现场警示标志

（2）请填写图 1-1-3 中安全标志属于哪一种类？（①防火标志、②禁止标志、③注意标志、④危险标志、⑤救护标志、⑥小心标志、⑦放射性标志、⑧方向标志、⑨指示标志）

图 1-1-3　安全标志

（3）安全标志国家规定有红、黄、蓝、绿 4 种颜色。

问题 1：红色表示＿＿＿＿＿＿＿＿＿＿＿＿；分别举例 5 个：

问题 2：黄色表示＿＿＿＿＿＿＿＿＿＿＿＿；分别举例 5 个：

问题 3：蓝色表示＿＿＿＿＿＿＿＿＿＿＿＿；分别举例 5 个：

问题 4：绿色表示＿＿＿＿＿＿＿＿＿＿＿＿；分别举例 5 个：

（4）查阅相关信息，找出 10 个安全标志符号并说明含义完成表 1-1-2。

表 1-1-2　安全标志及其含义

标志符号	含　义	标志符号	含　义
标志符号	含　义	标志符号	含　义
标志符号	含　义	标志符号	含　义
标志符号	含　义	标志符号	含　义
标志符号	含　义	标志符号	含　义

（5）发生火灾是否可以坐电梯？为什么？

（6）拓展：简述消防逃生注意事项。

三、现场急救

1. 触电急救的基本知识

发现有人触电后，应按照图 1-1-4 所示步骤进行紧急处理，否则，既有可能造成触电者的进一步伤害，又有可能危及抢救者自身的安全。

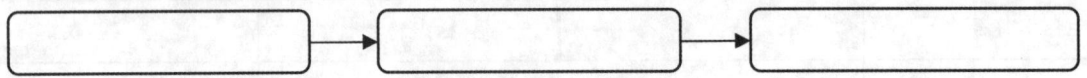

图 1-1-4 触电后紧急处理步骤

引导问题 3：发现有人触电后，首先应立即采取措施使其迅速脱离电源，避免持续电流对其造成进一步伤害。在施救过程中，应特别注意对施救者自身的绝缘保护，避免发生新的触电事故。某工人发生了如图 1-1-5 所示形式的触电事故，这一事故属于哪一类型的触电？可采用哪些措施使其脱离电源？讨论并查阅相关资料写出答案。

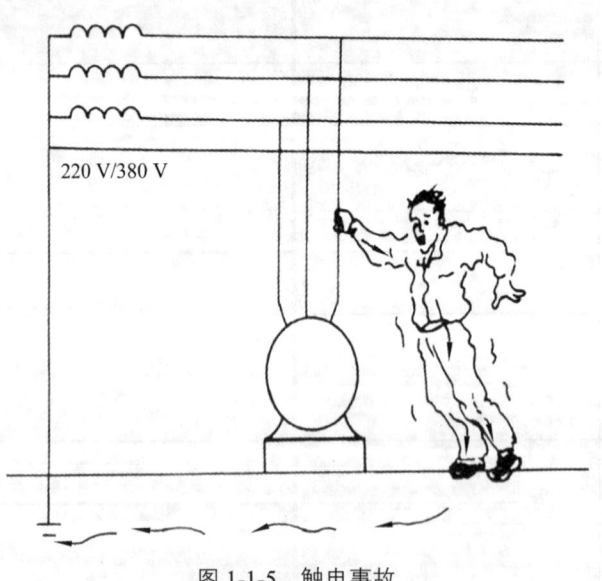

图 1-1-5 触电事故

答：

引导问题 4：将触电者脱离电源后，应立即对触电者的身体状况进行检查，作为进一步施救的依据。查阅相关资料，将表 1-1-3 中各图所表现的诊断方法用文字作简单描述。

表 1-1-3 触电紧急诊断方法

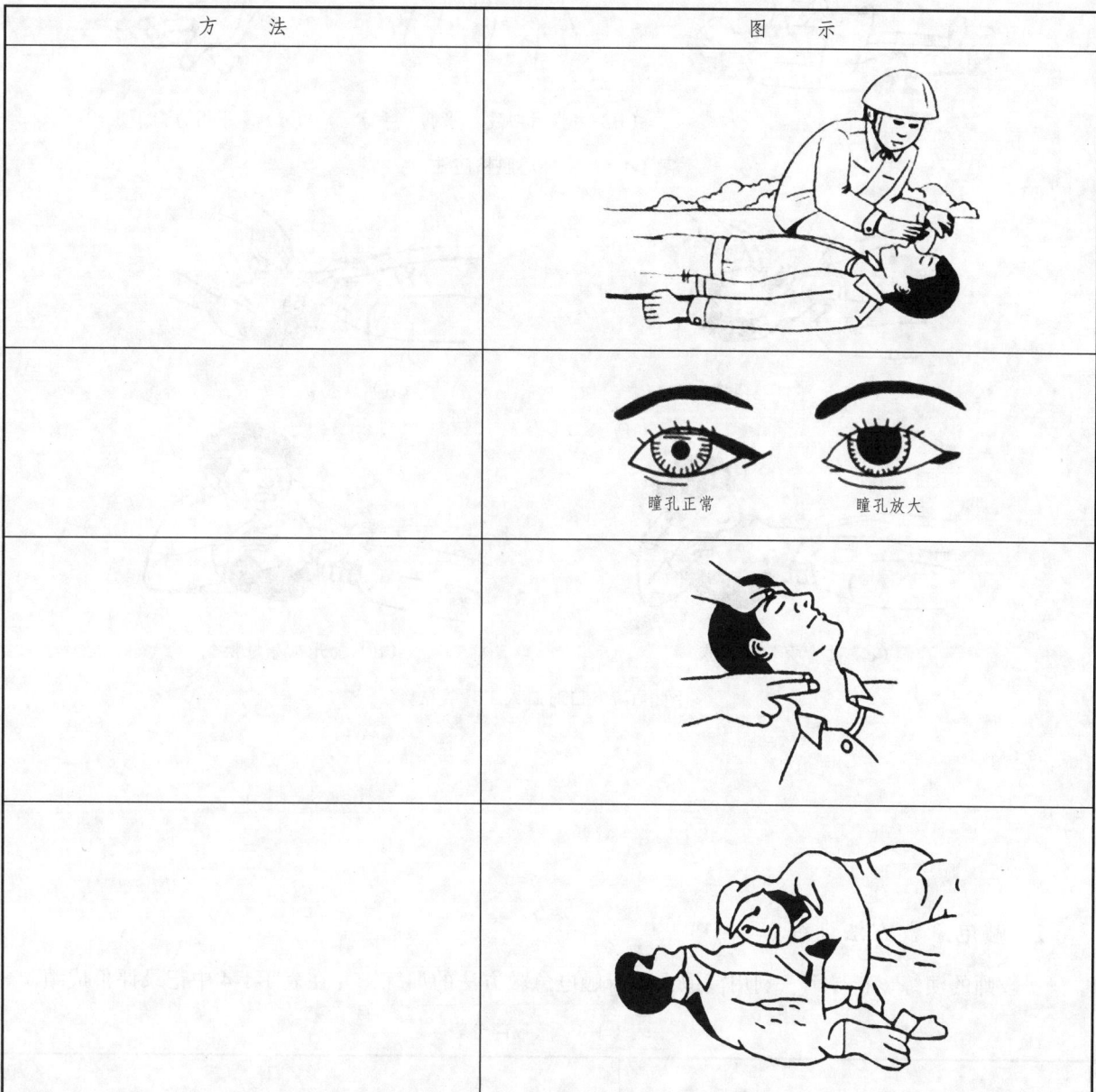

引导问题 5：确定触电者的身体状况后，应选择合适的方法进行抢救，常用的方法有口对口人工呼吸法、胸外心脏挤压法、人工心肺复苏法等。查阅相关资料，根据图 1-1-6 和图 1-1-7 所示，说出各个方法的操作步骤。

答：

管线敷设

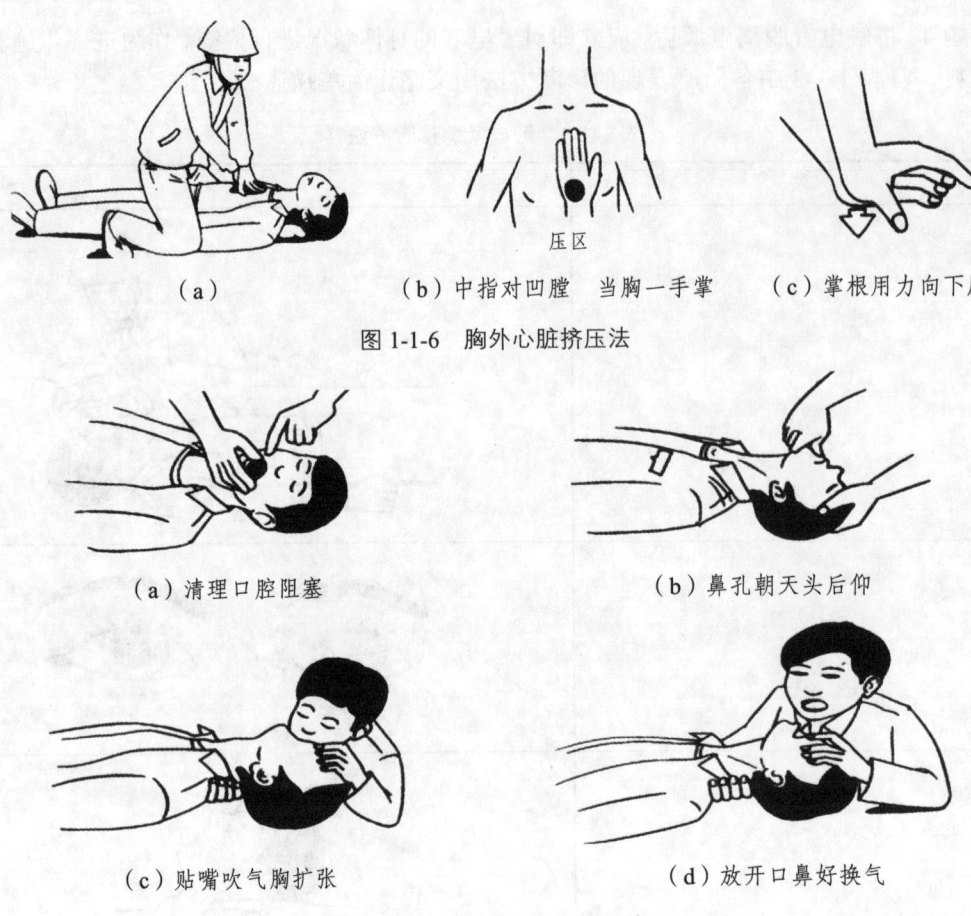

（a）　　　　　　　（b）中指对凹膛　当胸一手掌　　（c）掌根用力向下压

图 1-1-6　胸外心脏挤压法

（a）清理口腔阻塞　　　　　　　　　（b）鼻孔朝天头后仰

（c）贴嘴吹气胸扩张　　　　　　　　（d）放开口鼻好换气

图 1-1-7　口对口人工呼吸法

答：

2. 触电急救方法训练

在教师的演练、指导下，利用模拟人进行触电急救方法的训练，并在表 1-1-4 中记录评价成绩。

表 1-1-4　急救评分表

评价内容	分值	评 分		
		自我评价	小组评价	教师评价
口对口人工呼吸法	30			
胸外心脏挤压法	30			
人工心肺复苏法	40			
合　　计				

四、7S 管理

7S 管理的内容是什么？其目的是什么？（文字简述 + 现场讲述）

学习活动二　图纸识读

学习目标

（1）认识系统图、平面图。
（2）准确回答图纸中字母和图形的含义。

建议学时

10学时。

学习过程

一、识读电路图

电路图描述了电路中各个元器件的连接关系，施工图则描述了元器件的安装位置。实际工程施工中，为使标准规范统一、易于识读，通常都要采用标准的符号及相关规范绘制施工图，形成如图1-2-1所示采用俯视的视角绘制的照明线路平面图。

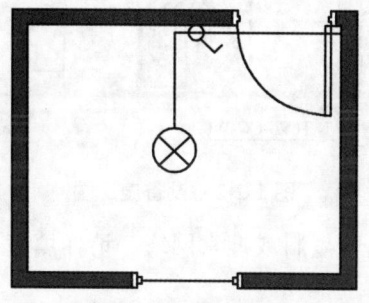

图1-2-1　照明线路平面图

引导问题1：查找常用电气设备的图形符号，认识各个符号的含义，写出下面两个符号所对应的含义。

按照本任务的要求，线路采用明敷的方式敷设，除此之外还有暗敷。敷设方式的不同，某些元器件的安装要求也不同。另外，还常有元器件需要进行特殊处理，如密封、防爆等。在施工图中，这些都是通过不同的符号加以区分的。查阅相关资料，写出下面几个符号所对应的含义。

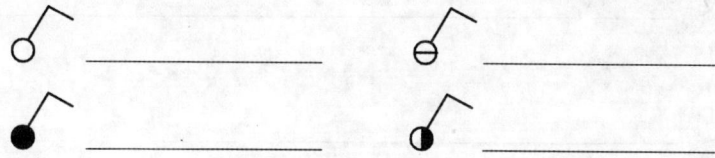

设备施工图：主要表示各种设备、管道和线路的布置、走向以及安装施工要求等（见图1-2-2）。设备施工图又分为给水排水施工图（水施）、供暖施工图（暖施）、通风与空调施工图（通施）、电

管线敷设

电气施工图（电施）等。设备施工图一般包括平面布置图、系统图和详图

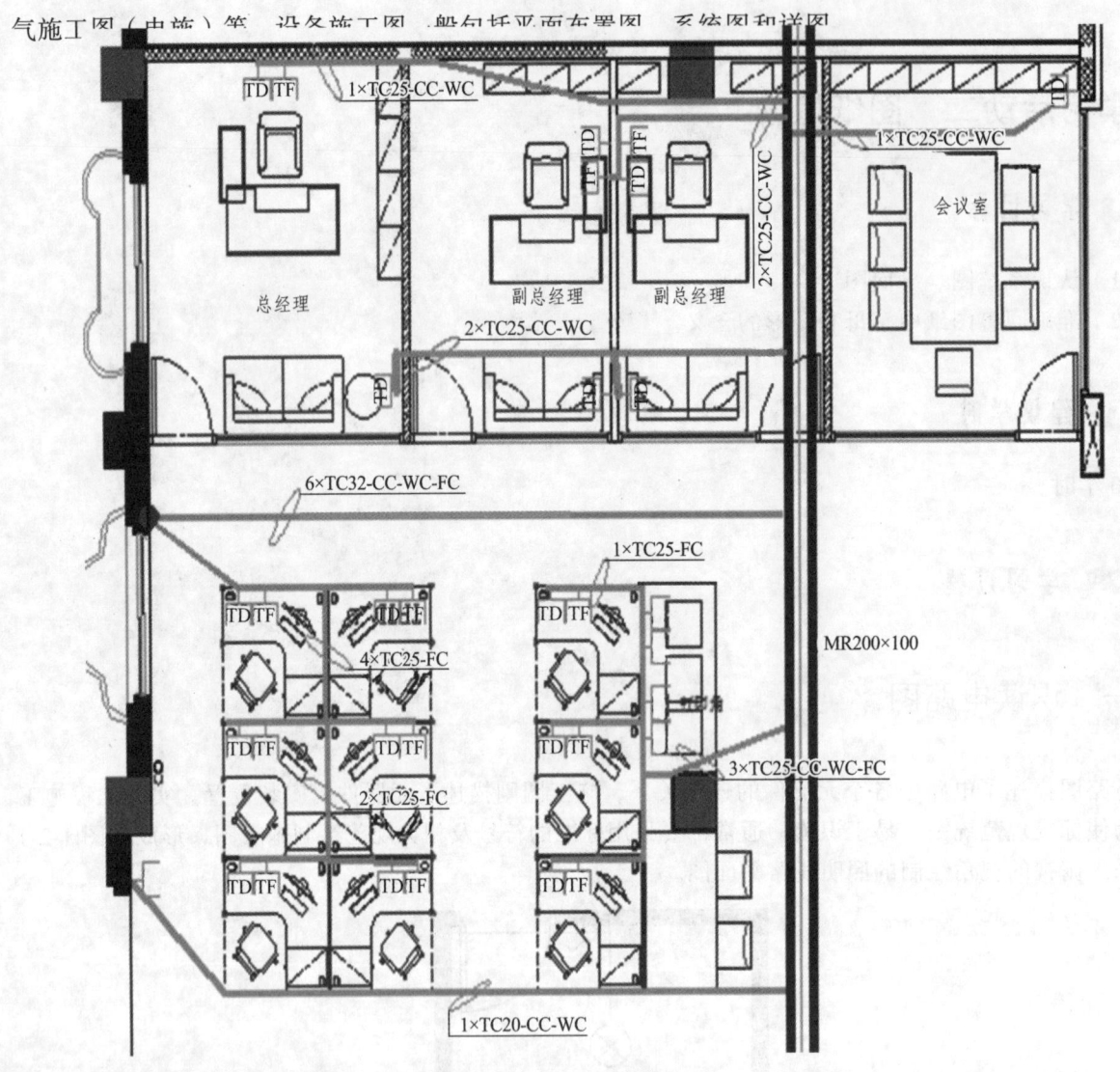

图1-2-2 设备施工图

引导问题2：根据施工图纸，查阅资料或搜索网络，请你填写下列符号的含义。

图纸中 TC 的含义：_____。

图纸中 CC 的含义：_____。

图纸中 WC 的含义：_____。

图纸中 FC 的含义：_____。

图纸中"3×TC25-CC-WC-FC"的含义：_____。

学习小结:

二、训练汇报及学习评价

各组推荐 1~2 名成员进行总结汇报,并简要说明学习过程中的经验和体会。观看他人汇报后,将他人总结和汇报过程中值得学习的地方和需要改进的地方用表 1-2-1 记录下来。学习完成后按表 1-2-2 和表 1-2-3 进行评价。

表 1-2-1　汇报记录表

汇报人	值得学习的地方	还需要改进的地方

管线敷设

表 1-2-2 "工程现场认知"综合评价

评价项目	评价内容	评价标准	评价方式		
			自我评价	小组评价	教师评价
职业素养	安全意识 责任意识	A 作风严谨、自觉遵章守纪、出色地完成工作任务； B 能够遵守规章制度、较好地完成工作任务； C 遵守规章制度、没完成工作任务或虽完成工作任务但未严格遵守规章制度； D 不遵守规章制度、没完成工作任务			
	学习态度	A 积极参与教学活动，全勤； B 缺勤达本任务总学时的10%； C 缺勤达本任务总学时的20%； D 缺勤达本任务总学时的30%			
	团队合作意识	A 与同学协作融洽，团结合作意识强； B 与同学能沟通，协同工作能力较强； C 与同学能沟通，协同工作能力一般； D 与同学沟通困难，协同工作能力较差			
专业能力	活动一： 职业安全认知	A 按时、高质量完成调研及工作页，积极参与课堂活动，表现突出； B 按时、较好地完成工作页，积极参与课堂活动； C 没按时完成工作页，不积极参与课堂活动； D 未完成工作页，不参与课堂活动			
	活动二： 智能楼宇概念及组成	A 按时、完整地完成工作页，问题回答正确； B 按时、完整地完成工作页，问题回答基本正确； C 未能按时完成工作页，或内容遗漏、错误较多； D 未完成工作页			
	活动三： 图纸识读	A 学习活动成绩为90~100分； B 学习活动成绩为75~89分； C 学习活动成绩为60~74分； D 学习活动成绩为0~59分			
	活动四： 安全常识	A 学习活动成绩为90~100分； B 学习活动成绩为75~89分； C 学习活动成绩为60~74分； D 学习活动成绩为0~59分			
创新能力		学习过程中提出具有创新性、可行性的建议	加分奖励：		
学生姓名			综合评价等级		
指导教师			日　　期		

表 1-2-3 学习任务过程评价表

学习任务名称：_____

班级：_____ 组别：_____ 姓名：_____ 学号：_____

项 目	评价内容	每次课评价	活动总评
职业素养评价项目（老师与观察员评价）	不迟到、不早退、仪容仪表、工衣、工牌 评价方法：全部合格为 A，一个不合格为 B，两个不合格为 C，三个不合格为 D		
	资讯（获取有效的信息）：网络、书籍、产品资料、老师、同学、相关规范及标准、其他 评价方法：两种渠道以上的为 A，两种渠道的为 B，一种渠道的为 C，无为 D。		
	团队合作意识：与同学合作交流、听取同学意见、表达自己的观念、协助制订工作计划、无独自一人发呆走神现象、无抵触或不参与、协调小组成员、参与小组讨论 评价方法：全部合格为 A，一个不合格为 B，两个不合格为 C，三个及三个以上不合格为 D		
	7S 管理意识：学习区、施工区、资讯区、仓储区 评价方法：全部合格为 A，一个不合格为 B，两个不合格为 C，三个不合格为 D		
职业能力评价项目（老师与组长评价）	当次项目工作页完成情况 评价方法：抽查引导问题，第一次成功为 A，第二次成功为 B，第三次成功为 C，第四次及以上成功的为 D		
	成果 1：_____	_____	
	成果 2：_____	_____	
	成果 3：_____	_____	
	成果 4：_____	_____	
	学习成果评价方法： 　小组抽查形式：第一次成功为 A，第二次成功为 B，第三次成功为 C，第四次及以上成功的为 D。 　个人考核形式：当次学习活动成绩 90~100 分为 A；75~89 分为 B；60~74 分为 C；0~59 分为 D		
加分项目	1. 课堂积极发言一次加 1 分； 2. 上讲台总结发言一次加 2 分； 3. 成功组织策划课件活动一次加 3 分		
加分及扣分说明			

管线敷设

续表

学习情况描述	学习活动一	安排的工作任务：	日期：
		实际工作内容：	评价人：
		完成情况：	
	学习活动二	安排的工作任务：	日期：
		实际工作内容：	评价人：
		完成情况：	
	学习活动三	安排的工作任务：	日期：
		实际工作内容：	评价人：
		完成情况：	
教师评价			总评成绩：

学习任务二　办公楼 PVC 线管敷设

【学习目标】

（1）能根据任务描述确定工作任务。
（2）能识别 PVC 管。
（3）能根据图纸或工作任务要求确定安装位置。
（4）能选择 PVC 管敷设所用的工具及材料。
（5）熟悉 PVC 管敷设时涉及的国家标准。
（6）能根据现场勘查，编写施工计划。
（7）能根据任务要求绘画施工图和安装图。
（8）根据图纸进行 PVC 管敷设。
（9）能按施工规范验收。
（10）能撰写工作总结。
（11）能进行成果展示。
（12）能根据过程考核标准进行总结与评价

【建议学时】

32 学时。

【学习地点】

实训室。

【任务描述】

现在需要对某办公楼中的电线管路进行改造，工程部接收施工任务单，完成工程中 PVC 线管的敷设。楼内共有 20 个网络电话信息点，分别位于经理办公室、员工办公区和会议室，具体位置如图 2-0-1 所示。根据工程进度要求，现需要在 4 个工作日内敷设 PVC 线管至各计算机信息点位，为以后敷设信息网线做准备。

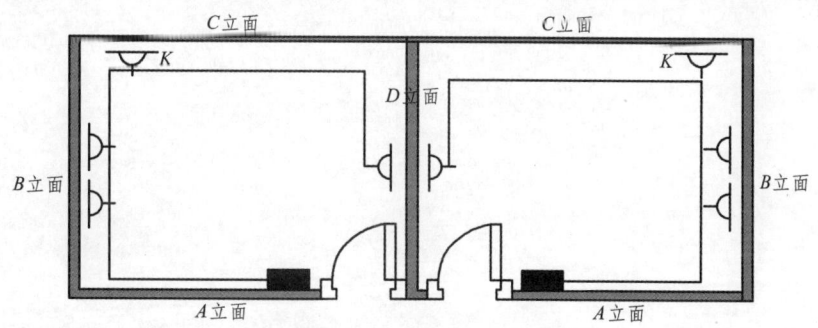

图 2-0-1　办公室插座平面图

安装位置说明：
（1）线管沿墙敷设，水平线管离地 2.2 m；
（2）插座底盒离地 0.3 m；
（3）B 立面相邻两插座相距 0.8 m，两侧距离相等；
（4）C 立面带开关插座离墙 0.5 m；
（5）D 立面插座居墙中安装。

【工作流程与活动】

（1）明确 PVC 线管敷设任务及勘查施工现场。
（2）PVC 管敷设——施工前的准备。
（3）PVC 管敷设——现场施工。
（4）工作总结与评价。

学习活动一 明确PVC线管敷设任务及勘查施工现场

学习目标

（1）能根据任务描述确定工作任务。
（2）能识别PVC管。
（3）能根据图纸或工作任务要求确定安装位置。

建议学时

8学时。

学习过程

一、明确工作任务

工作任务联系单是施工作业中的基本单据，明确了该项工作的工作内容、时间要求、相关责任人等信息，施工人员在进行施工作业前，必须读懂工作任务联系单，准确获取该项工作的基本信息。

工作任务联系单形式多种多样，表2-1-1是本次"PVC线管敷设"的工作任务联系单，请阅读施工任务单，用自己的语言描述具体的工作内容（填写引导问题的空白工作页）。

表2-1-1 工作任务联系单

流水号：___001___

类别：水□ 电□ 暖□ 土建□ 其他□ 日期： 年 月 日

施工地点	某办公楼		
施工项目	PVC管敷设		
客户具体要求（工作内容）	1. 按照施工图样安装。 2. 敷设方式：明敷。 3. 工期两月。 4. 与客户保持沟通，有修改意见必须经客户同意方可实施		
申报时间	年 月 日	完工时间	年 月 日
申报人	行政办公室	安装人	工程部
验收意见		验收人	
		联系电话	
项目负责人		安装组负责人	

管 线 敷 设

引导问题1：
（1）该项工作在什么地点进行？
_____
_____

（2）该项工作要求什么时间开始？
_____
_____

（3）该项工作要求完成的期限是何时及工作周期是多长？
_____
_____

（4）该项工作是哪个单位申报的？
_____
_____

（5）该项工作具体内容是什么？
_____
_____

（6）该项任务交给你和同组人，你们的名签在何处？你们的角色是什么人（单位）？
_____
_____

（7）该项工作怎样才算完成？该项工作完成后交给谁验收？
_____
_____

（8）验收意见应该由谁来填写？通常填写的内容可能有哪些？
_____
_____

（9）你认为使用施工任务单的目的是什么？
_____
_____

引导问题2：请各组同学通过多媒体、网络、书籍等资料查找线管敷设任务单，也可以通过访谈电工或者到工厂、物业管理处等实地查看各单位所用的工作任务单。记录下你组收集到的各工作任务单的样式和内容（至少要一个）。

引导问题3：各组展示收集到的电工任务单，并且各组派代表简单描述对收集到的任务单内容的理解。

引导问题4：在收集工作任务单的过程中遇到了哪些困难？你是怎样解决的？请把你认为好的解决方法与大家分享。

二、勘查现场

（1）学生分小组去实验楼现场参观明敷的PVC管，把现场所拍的照片和所看到的内容总结以后由小组长进行汇报。

（2）了解工作任务后，查阅相关资料，回答下列问题：

① 导线管配线中，常用的管材主要有钢管或塑料管，图2-1-1中的管材分别是什么材料？

图 2-1-1　管材

② PVC管的规格有哪些？种类有哪些？用途有哪些？

③ 哪些场合适合用PVC管进行线路敷设？

④ 写出图2-1-2中配件的名称。

管线敷设

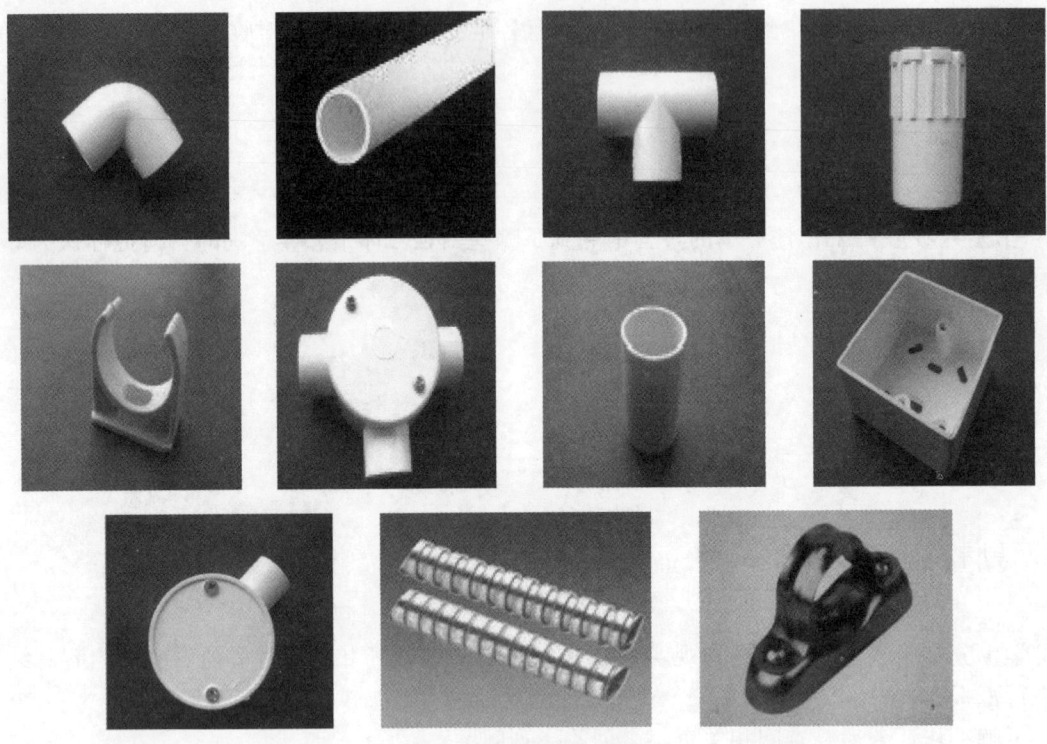

图 2-1-2 线管敷设配件

（3）从图 2-1-3~图 2-1-6 中，读出什么信息？

详细列出图 2-1-3 中灯具、电器、开关、插座名称及数量。

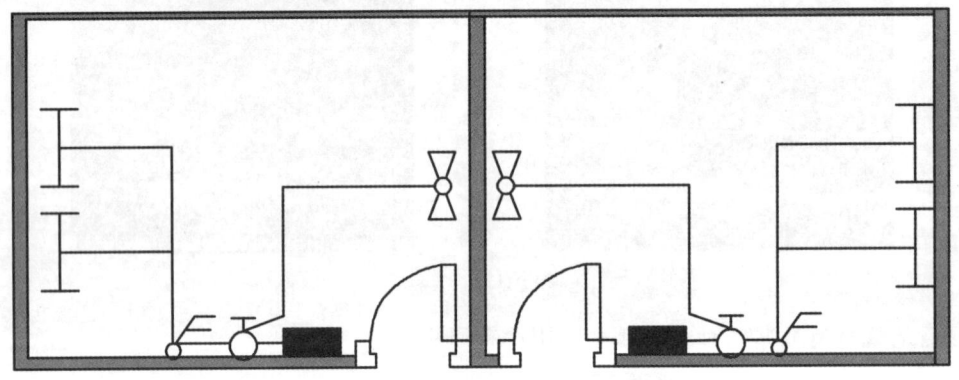

图 2-1-3 办公室照明风扇平面图

详细列出图 2-1-4 中灯具、电器、开关、插座名称及数量。

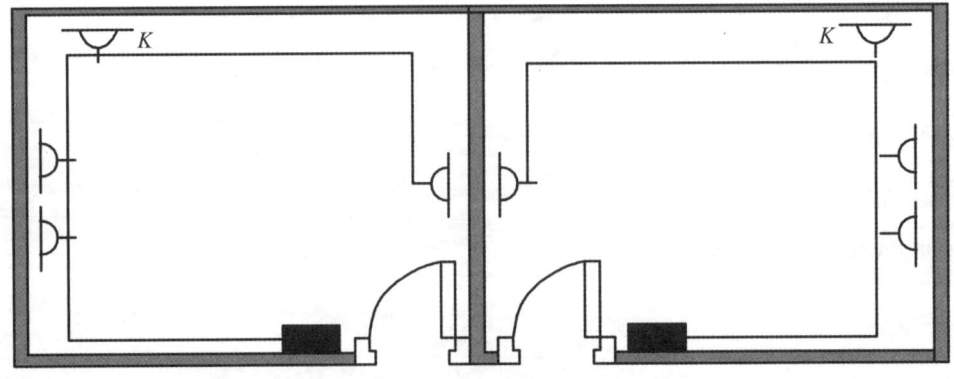

图 2-1-4 办公室插座平面图

详细列出图 2-1-5 中电话、网络安装信息。

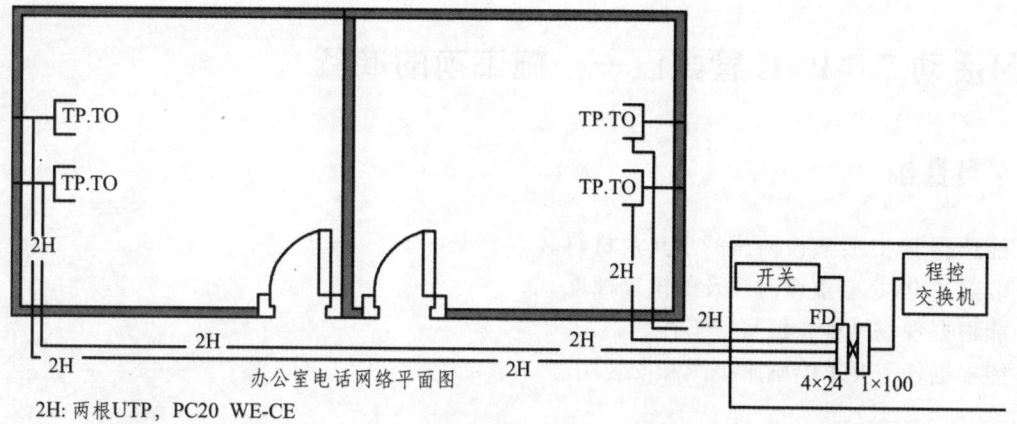

图 2-1-5　办公室电话网络平面图

根据图 2-1-6 填写下列空格。

① HD-ACPD-D10A-63A 漏电：_____；

② $\dfrac{AL-1}{370\times500\times160}$ 距地 2.3 m 安装：_____；

③ L1 HUM18-63/1C16：_____；

④ L1 HUM18LE-40/1NC20：_____；

⑤ BV-3×4 TC20 WE：_____。

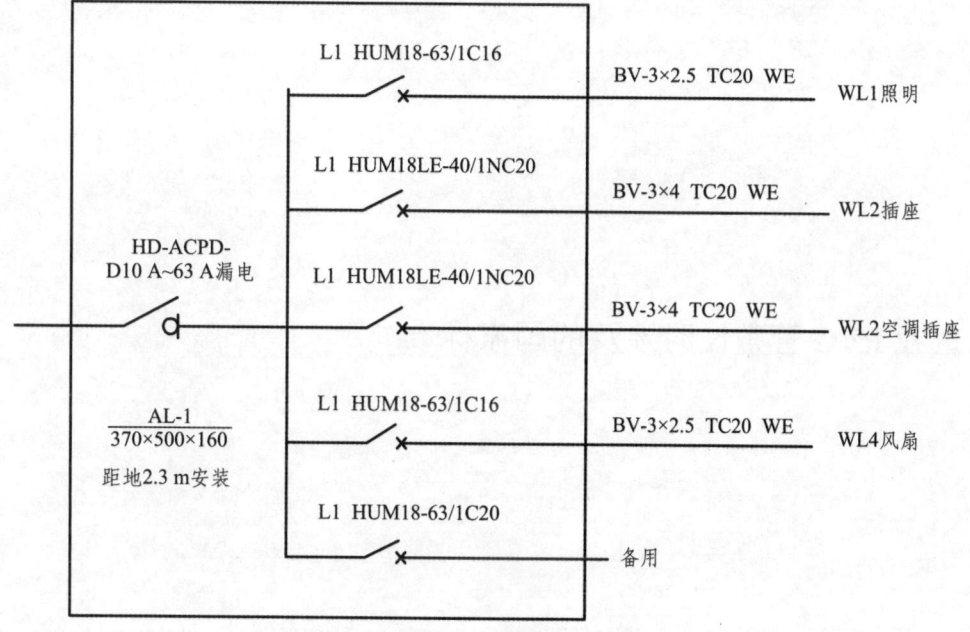

图 2-1-6　办公室照明系统图

学习活动二　PVC 管敷设——施工前的准备

学习目标

（1）能选择 PVC 管敷设所用的工具及材料。
（2）能熟悉 PVC 管敷设时涉及的国家标准。
（3）能根据现场勘查，编写施工计划。
（4）能根据任务要求绘画施工图和安装图。

建议学时

8 学时

学习过程

一、通过互联网搜索或查阅资料，写出 PVC 管敷设的工艺流程

二、查找 PVC 管敷设时涉及的国家标准

三、查阅资料，了解 PVC 管敷设时常用的工具

你知道图 2-2-1 中这些量具的名称吗？

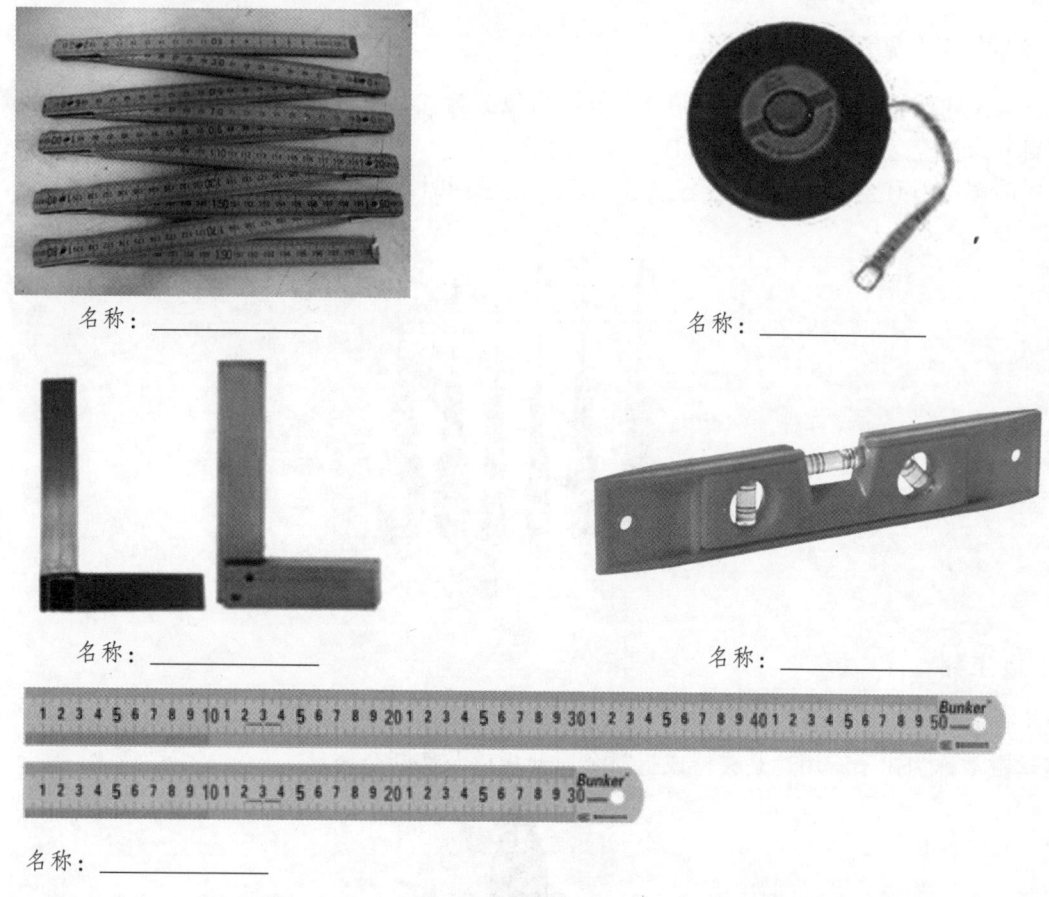

名称：_____

名称：_____

名称：_____

名称：_____

名称：_____

图 2-2-1　常用量具

四、认识 PVC 管敷设中使用的工具

在 PVC 管敷设中，会用到安装工具，请结合图 2-2-2~图 2-2-11，完成工具的认识。

1. 电工刀（见图 2-2-2）

电工刀是电工在装配、维修工作时用于割削电线绝缘外皮、绳索、木桩、木板等物品的工具。普通的电工刀由刀片、刀刃、刀把、刀挂等构成。

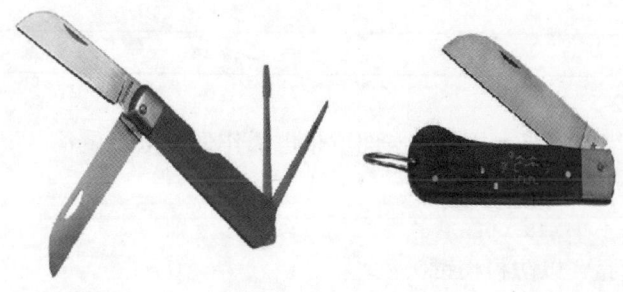

图 2-2-2　电工刀

管线敷设

使用电工刀时应注意：
_____
_____

2. 螺丝刀（见图 2-2-3）

螺丝刀又叫改锥、起子。按头部形状不同，可以分为_____字形螺丝刀和_____字形螺丝刀。握柄材料分为_____和_____柄两种。

常用的螺丝刀有_____、_____、_____等几种规格。

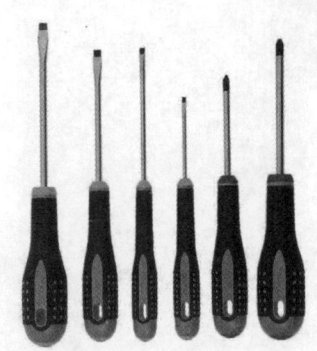

图 2-2-3　螺丝刀

3. 电工钳

（1）钢丝钳（见图 2-2-4）。

钢丝钳常称为钳子，用途是夹持或折断金属薄板以及切断金属丝。

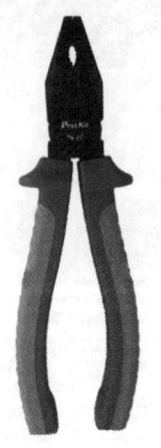

图 2-2-4　钢丝钳

使用时应注意：
_____
_____

（2）尖嘴钳（见图 2-2-5）。

尖嘴钳头部尖细，适用于在狭小的工作空间或带电操作低压电器设备。

使用时应注意的问题：

① 手里金属部分距离不小于 2 cm。

② 用力时切勿用力过猛，以防损伤钳头。

③ 使用后要擦净，经常加油，以防生锈。

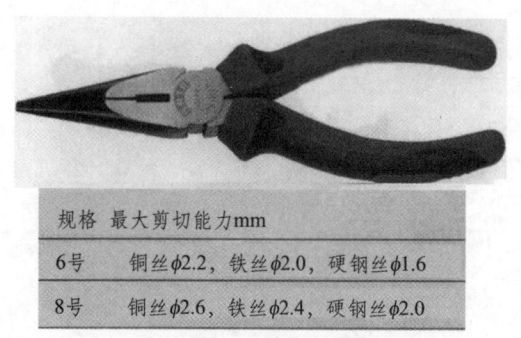

规格	最大剪切能力mm
6号	铜丝φ2.2，铁丝φ2.0，硬钢丝φ1.6
8号	铜丝φ2.6，铁丝φ2.4，硬钢丝φ2.0

图 2-2-5　尖嘴钳

（3）斜口钳（见图 2-2-6）。

斜口钳又称断线钳，扁嘴钳。专门用于剪短较粗的电线和其他金属丝。

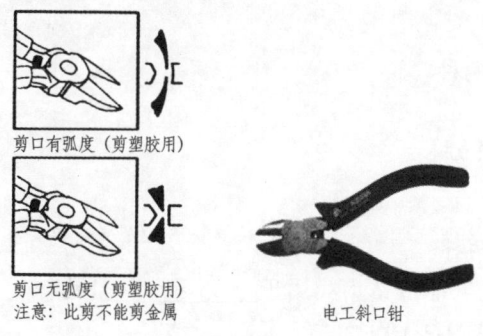

图 2-2-6　斜口钳

（4）剥线钳。

剥线钳用于剥削较小直径导线绝缘层。请写出图 2-2-7 中三种剥线钳的名称。

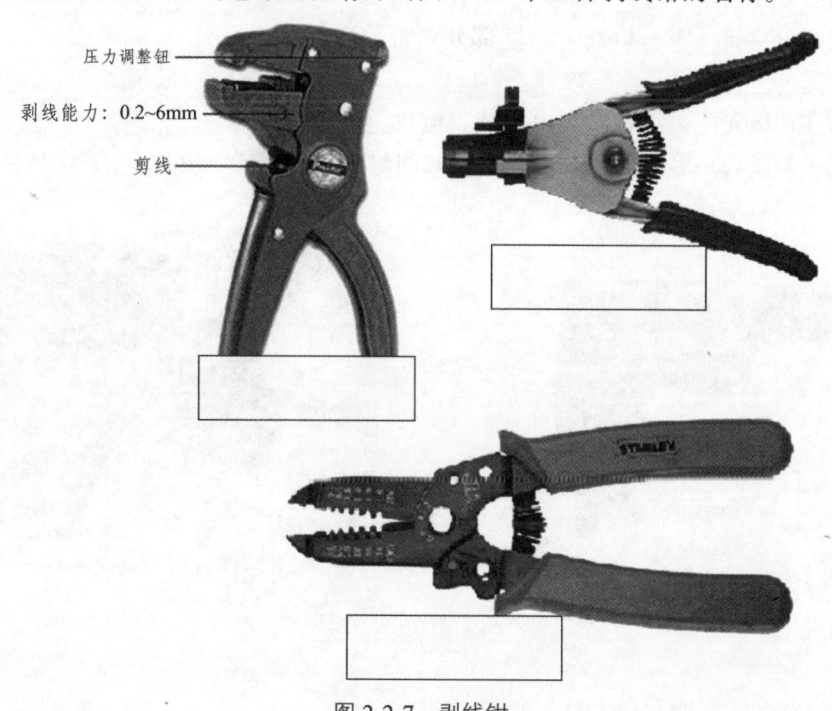

图 2-2-7　剥线钳

4. 扳手

扳手用来拧紧或松开螺母、螺栓等。常用的有活动扳手，套筒扳手、梅花扳手等。请在图 2-2-8 中写出各扳手的名称。

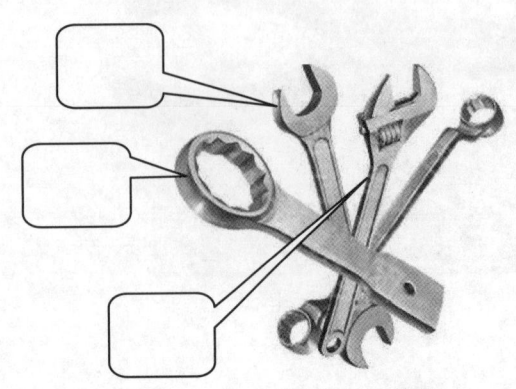

图 2-2-8　扳手

5. 梯子

常用的有_____和_____梯两种。

6. 手电钻、冲击钻和电锤

（1）手电钻（见图 2-2-9）

手电钻有手枪式和手提式两种。

麻花钻头：用于_____打孔。冲击钻头：用于_____打孔。

（2）冲击电钻和电锤（见图 2-2-10）

冲击电钻用于安装电气设备时在建筑混凝土柱板上钻孔，也可用于穿墙钻孔。

使用时注意以下几点：

① 检查电源线有无损伤。

② 使用前先通电空转一下，检查_____部分是否灵活。

③ 工作时先_____，再_____。

④ 在墙上钻孔前应先了解墙内有无电源线，避免_____。

⑤ 使用过程中如发现声音异常，或连续使用时间过长机体发烫，应_____，让其自然冷却，切勿用水浇降温。

图 2-2-9　手电钻

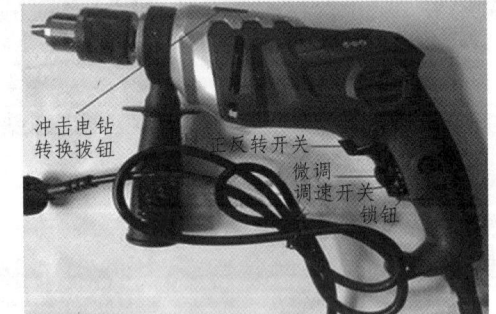

图 2-2-10　冲击电钻

7. 弯管器

弯管器就是弯曲金属管的专用工具，分为_____、_____、_____。

8. 剪管器（见图 2-2-11）

剪管器是切割管子的常用工具。

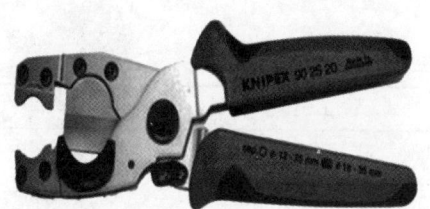 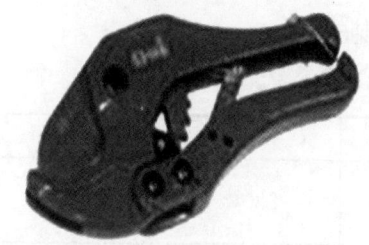

图 2-2-11 剪管器

五、工具和材料清单

请将本学习任务的施工所用的工具、材料，填写在表 2-2-1 中。

表 2-2-1 工具、材料清单

序号	名　称	型号与规格	数　量	备　注
1				
2				
3				
4				
5				
6				
7				
8				

六、工作计划

将小组讨论、修改后的工作计划整理在表 2-2-2 中（提示：每组把本组确定的重点工作内容在实施工作计划中体现出来）。

表 2-2-2 _____ 工作计划

施工名称			施工时间	
施工地点			项目负责人（班组长）	
施工计划内容	情况分析（制订计划的根据）：			
	工作任务和要求（做什么）：			
	工作的方法、步骤和措施（怎样做）：			
施工人员（签字）			项目经理（签字）	

学习活动三　PVC 管敷设——现场施工

学习目标

（1）能正确使用 PVC 管敷设时所使用的工具。
（2）根据图纸进行 PVC 管敷设。

建议学时

12 学时。

学习准备

施工规范、工程施工任务单、施工图、教材、铅笔、钢卷尺、手锤、錾子、钢锯、锯条、半圆锉、弯管弹簧、剪管器、工具袋、电工常用工具等。
劳保用品、安全生产警示标志。

学习过程

一、定位

问题1：工程中，使用_____（钢卷尺、皮尺）定位测量。

问题2：定位后，要用_____把线弹出来。

问题3：面板式照明开关底盒离地距离一般为_____m；

白炽灯底盒（灯头盒）离地距离一般为_____m；

插座底盒定位离地距离一般为_____m；

信息插座底盒离地距离一般为_____m。

问题4：线管、线盒的水平度，一般由_____测量；垂直度用_____测量。

二、安装操作及工艺

问题1：在未确定电线是否带电的情况下，严禁用钢丝钳或其他工具同时切断_____及以上电线。

问题2：手持电动工具必须使用_____（漏电保护器、断路器、熔断器），且使用前需按动保护器试验按钮来检查是否正常可用。

问题3：在图2-3-1中写出测电笔各部件的名称。

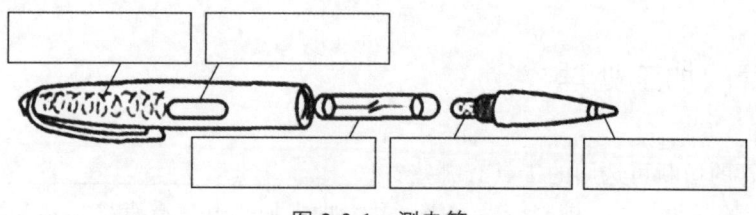

图2-3-1 测电笔

问题4：观察图2-3-2中测电笔的几种握法，并判断哪种握法是错误的，简要说明理由。

_____

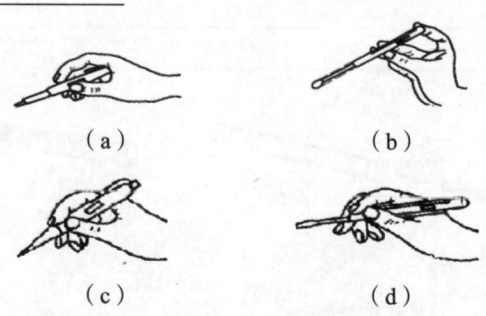

图2-3-2 测电笔的握法

三、PVC管的选择

PVC管的选择参考表2-3-1和表2-3-2。

表 2-3-1　BV、BLV 塑料线穿硬塑料管管径选择

导线截面面积/mm²	导线根数						
	2	3	4	5	6	7	8
1.0	φ15	φ15	φ15	φ15	φ15	φ15	φ15
1.5	φ15	φ15	φ15	φ15	φ15	φ15	φ20
2.5	φ15	φ15	φ15	φ15	φ15	φ20	φ20
4.0	φ15	φ15	φ15	φ15	φ15	φ20	φ20
6.0	φ15	φ20	φ20	φ20	φ20	φ25	φ25
10	φ20	φ20	φ25	φ25	φ32	φ32	φ32
16	φ25	φ25	φ32	φ32	φ32	φ40	φ40

表 2-3-2　BX、BLX 绝缘线穿硬塑料管管径选择

导线截面面积/mm²	导线根数						
	2	3	4	5	6	7	8
1.0	φ15	φ15	φ15	φ20	φ20	φ20	φ20
1.5	φ15	φ15	φ20	φ20	φ20	φ25	φ25
2.5	φ15	φ15	φ20	φ20	φ25	φ25	φ25
4.0	φ20	φ20	φ20	φ25	φ25	φ32	φ32
6.0	φ20	φ20	φ25	φ25	φ32	φ32	φ32
10	φ25	φ25	φ32	φ32	φ40	φ40	φ40
16	φ32	φ32	φ32	φ40	φ40	φ40	φ50

四、PVC 管的加工处理

问题 1：塑料管的切断可选用的工具有哪些？＿＿＿＿＿＿＿＿＿＿＿＿＿＿＿＿＿＿

问题 2：塑料管的弯曲，＿＿＿塑料管通常需加热弯曲，加热方法有直接加热和灌沙加热两种。明敷时，管子的弯曲半径至少为管径的＿＿＿倍；暗敷时管子的弯曲半径至少为管径的＿＿＿倍；PVC 管通常用＿＿＿＿或＿＿＿＿冷弯。冷弯法适用于＿＿＿＿的管径。

问题 3：图 2-3-3 是 PVC 管的冷弯示意图，请描述 PVC 管弯管过程。

＿＿
＿＿

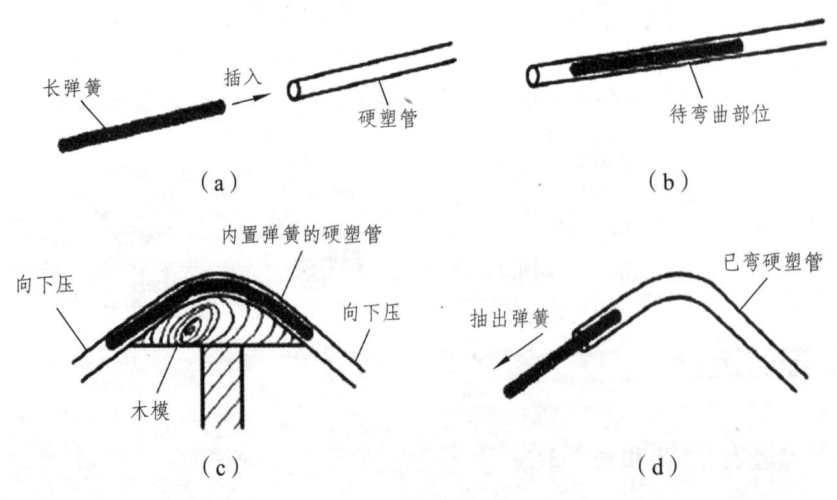

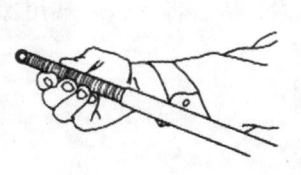 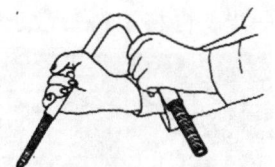 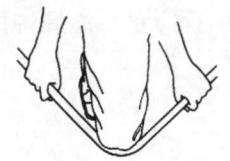

（e）插入弹簧　　　　（f）冷弯方式（一）　　　　（g）冷弯方式（一）

图 2-3-3　冷弯 PVC 管

问题 4：图 2-3-4 是 PVC 管的切割过程，请描述切割过程。

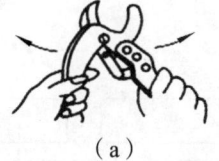 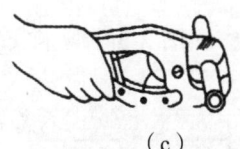

（a）　　　　　　　（b）　　　　　　　（c）

图 2-3-4　切割 PVC 管

_____

五、PVC 管的连接

管与管的连接：管路连接使用规格对应的管材（弯头、直通、三通等）配件进行连接。或者使用套管连接，套管长度为管径的_____倍，将套管连接清理后，用专用黏合剂均匀涂抹在管外壁上，将管子插入套管，管口应到位，黏接后_____min 内不得移位，接口应牢固密封。

管与盒（箱）的连接：管子进盒时排列整齐，先接端接头（杯梳），用内锁母固定在盒上，管口用顶帽型护口堵好，连接时应_____。

在图 2-3-5 所示的管道连接示意图中，进行名称标注。

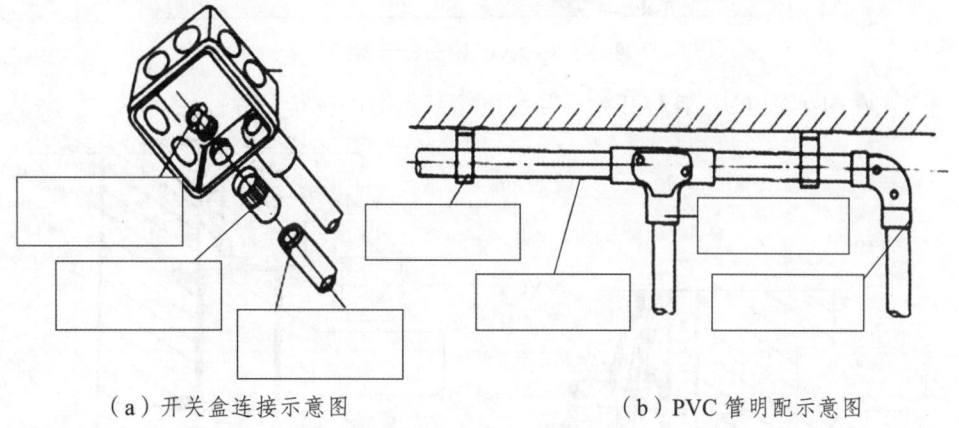

（a）开关盒连接示意图　　　　　　　（b）PVC 管明配示意图

图 2-3-5　PVC 管连接

引导问题 1：明敷塑料管弯曲角度较大，不能采用弯管的办法处理时，应采用什么办法使管路既美观又便于穿线？

_____

引导问题 2：塑料胀管法固定线管管卡，首先定位、钻孔，可用冲击电钻进行，孔径应与_____相同，钻孔深度不小于_____。当所钻孔径大于_____时，最好采用电锤。钻好孔后，放入塑料胀管，先

管 线 敷 设

将管卡（见图2-3-6）的一端螺钉拧进一半,再将塑料管敷于管卡内,然后将管卡两端用螺钉拧紧固定。

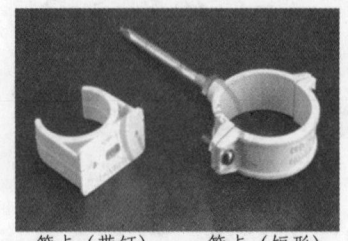

图 2-3-6 管卡

引导问题3:在图2-3-7管卡安装示意图中,进行名称标注。

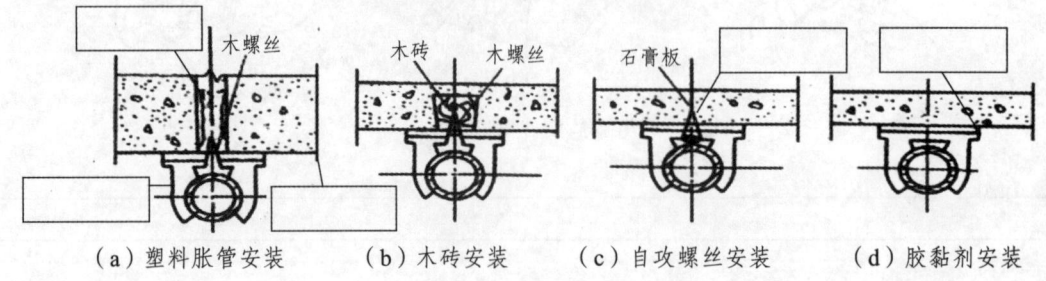

（a）塑料胀管安装　　（b）木砖安装　　（c）自攻螺丝安装　　（d）胶黏剂安装

图 2-3-7 管卡安装

引导问题4:在图2-3-8PVC管安装示意图中,指出所用到的材料名称,在图中标注出来。

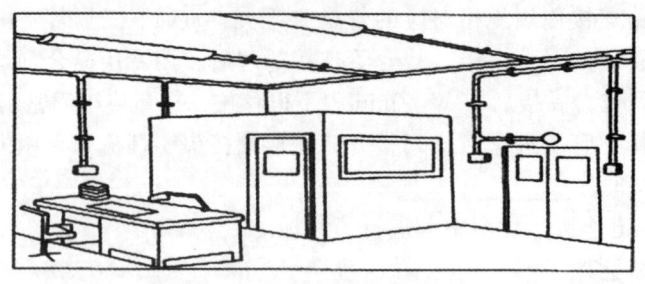

图 2-3-8 PVC管安装示意图

引导问题5:在图2-3-9PVC管接开关盒和配电箱示意图中进行名称标注。

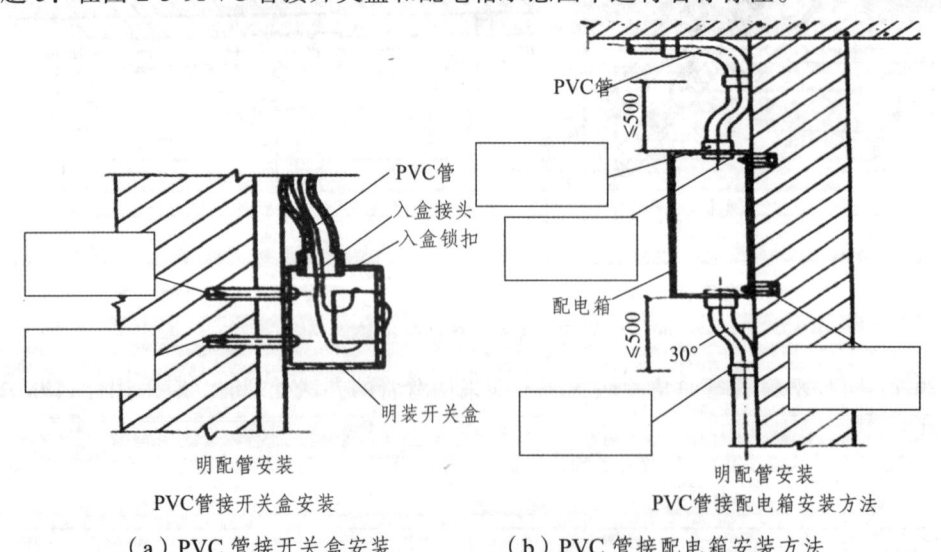

（a）PVC管接开关盒安装　　（b）PVC管接配电箱安装方法

图 2-3-9 PVC管接开关盒和配电箱示意图

引导问题 6：在图 2-3-10 波纹管接头示意图中进行名称标注。

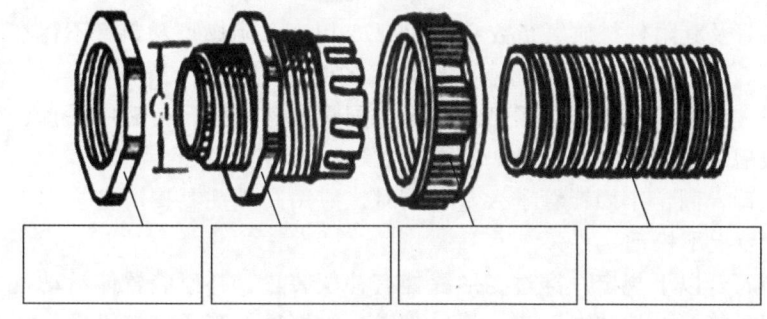

图 2-3-10　波纹管接头

注意：固定线管时，应先固定两端的支架、吊架，然后再拉线固定中间的支架、吊架，以保证波纹管安装在同一直线上，如图 2-3-11 所示。

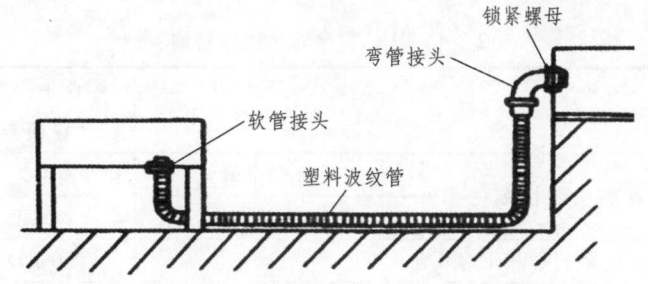

图 2-3-11　塑料波纹管安装方法

引导问题 7：遇到下列情况时
（1）管子直线长度超过 45 m，无弯曲时；
（2）管子直线长度超过 30 m，有一个直角弯时；
（3）管子直线长度超过 20 m，有两个直角弯时；
（4）管子直线长度超过 12 m，有三个直角弯时；
管路中间增设接线盒的目的是什么？

_____

引导问题 8：管卡的布置间距确定
管路明敷时，支吊架及敷设在墙上的管卡固定点至盒、箱边缘的距离为_____mm。管路中间距离如表 2-3-3 所示（查询资料，完成填空）。

表 2-3-3　明管管卡中间距离

敷设方向	管径（标称）/mm			允许偏差
	20 及以下	25~40	50 及以上	
垂直		1.5		
水平			1.5	

 小提示

塑料线管敷设质量控制详解

管线敷设

1. 施工过程质量控制要点

（1）阻燃型塑料管及其附件材质氧指数应达到 27%以上，阻燃型塑料管不得在室外高温和易受机械损伤的场所明敷设。

（2）管路连接时，使用胶黏剂连接紧密、牢固，配管及其支架，吊架应平直、牢固、排列整齐，管子弯曲处无明显皱褶、凹扁现象。

（3）盒箱设置正确，固定牢固；管子入盒、箱时，应用胶黏剂黏接严密、牢固；采用端接头与内锁母时，应拧紧在盒壁上不松动。

（4）管路保护应符合以下规定：穿过变形缝处有补偿装置，补偿装置能活动自如；穿过建筑物和设备基础时，应加保护管；补偿装置平直、管口光滑，内锁母与管子连接可靠；加套的保护管在隐蔽记录中标志正确。

（5）允许偏差的项目：硬质（PVC）塑料管弯曲半径安装的允许偏差和检验方法应符合表 2-3-4 中的规定。

表 2-3-4 PVC管弯曲半径安装偏差

项次	项 目		弯曲半径或允许偏差	检验方法
1	明配管管子最小弯曲半径	只有一个弯	≥4 D	尺量检查安装记录
		两个及以上弯	≥6 D	
2	管子弯曲处的弯曲度		≤0.1 D	尺量检查
3	明配管固定点间距	管子直径 15~20 mm	30 mm	尺量检查
		25~30 mm	40 mm	
		40~50 mm	50 mm	
		65~100 mm	60 mm	
4	明配管水平、垂直敷设任意 2 m 段内	平直度	3 mm	拉线、尺量检查
		垂直度	3 mm	

注：D 为 PVC 管直径。

2. 施工中容易出现的问题

（1）绝缘导管使用场所不符合规范要求。

（2）管盒配件不能配套使用。

（3）导管连接时，插入深度不符合要求。

（4）导管煨弯时不使用专用工具，弯曲后出现皱褶、劈裂。

（5）管路敷设超过规定长度时，未加装接线盒；管路经沉降缝、伸缩缝处未做补偿装置；管口朝上的线管，未做保护性封堵。

（6）线管进入箱盒时排列不齐、不顺直、长短不一、不是一孔一管，进入盒后绝缘导管切口不平齐，配管后不扫管。

（7）明配管固定点不牢固，固定间距不符合规范要求，明配管排列不平齐、美观。

六、施工进度管理

工作时把实际工作情况、工作进度记录在表 2-3-5 中。

表 2-3-5 施工进度表

施工项目	
施工班组	

注：请按实际工作情况记录工作进度。

学习活动四　工作总结与评价

学习目标

（1）能按施工规范验收。
（2）能撰写工作总结。
（3）能进行成果展示。
（4）能根据过程考核标准进行总结与评价。

建议学时

4学时。

学习过程

一、工程质量验收

按下列评分标准填写表 2-4-1。
（1）管盒标高 10 分：管标高偏差超过 20 mm 每处扣 2 分，盒标高偏差超过 10 mm 每处扣 2 分。

（2）底盒间距 10 分：与要求偏差超过 10 mm 每处扣 2 分。
（3）水平布管 10 分：水平偏差超过 5 mm 每处扣 2 分
（4）垂直布管 10 分：垂直偏差超过 5 mm 每处扣 2 分。
（5）管码间距 10 分：与规范不符每处扣 2 分。
（6）弯管质量 5 分：弯管有皱褶或凹扁每处扣 1 分。
（7）材料计划 5 分：施工用料未列入计划每项扣 1 分。

本次学习任务分配说明：
（1）施工质量验收 60 分，由验收小组进行验收评分，老师复核。
（2）小组提交资料 20 分，由老师根据小组完成资料情况评分。
（3）个人表现 20 分，由老师根据任务实施过程个人表现评分。

表 2-4-1 施工质量验收单

施工项目			PVC 线管安装（办公室插座安装）		
施工日期			年　月　日至　年　月　日	施工班组	
序号	验收项目	配分	评分标准	得分	验收人签名
1	管盒标高	10	管标高偏差超过 20 mm 每处扣 2 分，盒标高偏差超过 10 mm 每处扣 2 分		
2	底盒间距	10	与要求偏差超过 10 mm 每处扣 2 分		
3	水平布管	10	水平偏差超过 5 mm 每处扣 2 分		
4	垂直布管	10	垂直偏差超过 5 mm 每处扣 2 分		
5	管码间距	10	与规范不符每处扣 2 分		
6	弯管质量	5	弯管有皱褶或凹扁每处扣 1 分		
7	材料计划	5	施工用料未列入计划每项扣 1 分		

验收小组成员会签：

　　　　　　　　　　　　　　　　　　　　　　　　　　　年　　　月　　　日

验收复核签名：

　　　　　　　　　　　　　　　　　　　　　　　　　　　年　　　月　　　日

二、总结与评价

学习完成后对办公楼 PVC 线管敷设工作进行总结，并按表 2-4-2 和表 2-4-3 进行评价。

（1）制作完成本工作过程的 PPT 文件，并写出展示演讲的内容大纲。

（2）在本次学习任务的学习过程中，你参与了哪些工作？对你而言，哪项具体的工作富有挑战性？你是如何完成这项工作的？

（3）与其他小组相比，你所在的小组所做的展示有哪些优势和不足？

管 线 敷 设

表 2-4-2 "PVC 线管敷设"综合评价

评价项目	评价内容	评价标准	评价方式		
			自我评价	小组评价	教师评价
职业素养	安全意识 责任意识	A 作风严谨、自觉遵章守纪、出色地完成工作任务； B 能够遵守规章制度、较好地完成工作任务； C 遵守规章制度、没完成工作任务或虽完成工作任务但未严格遵守规章制度； D 不遵守规章制度、没完成工作任务			
	学习态度	A 积极参与教学活动，全勤； B 缺勤达本任务总学时的10%； C 缺勤达本任务总学时的20%； D 缺勤达本任务总学时的30%			
	团队合作意识	A 与同学协作融洽，团结合作意识强； B 与同学能沟通，协同工作能力较强； C 与同学能沟通，协同工作能力一般； D 与同学沟通困难，协同工作能力较差			
专业能力	活动一： 勘查现场	A 按时、高质量完成调研及工作页，积极参与课堂活动，表现突出； B 按时、较好地完成工作页，积极参与课堂活动； C 没按时完成工作页，不积极参与课堂活动； D 未完成工作页，不参与课堂活动			
	活动二： 施工前准备	A 按时、完整地完成工作页，问题回答正确； B 按时、完整地完成工作页，问题回答基本正确； C 未能按时完成工作页，或内容遗漏、错误较多； D 未完成工作页			
	活动三： 现场施工	A 学习活动成绩为 90~100 分； B 学习活动成绩为 75~89 分； C 学习活动成绩为 60~74 分； D 学习活动成绩为 0~59 分			
	活动四： 总结与评价	A 学习活动成绩为 90~100 分； B 学习活动成绩为 75~89 分； C 学习活动成绩为 60~74 分； D 学习活动成绩为 0~59 分			
创新能力		学习过程中提出具有创新性、可行性的建议	加分奖励：		
学生姓名			综合评价等级		
指导教师			日 期		

表 2-4-3　学习任务过程评价表

学习任务名称：_____

班级：_____　组别：_____　姓名：_____　学号：_____

项目	评价内容	每次课评价	活动总评
职业素养评价项目（老师与观察员评价）	不迟到、不早退、仪容仪表、工衣、工牌 评价方法：全部合格为A，一个不合格为B，两个不合格为C，三个不合格为D		
	资讯（获取有效的信息）：网络、书籍、产品资料、老师、同学、相关规范及标准、其他 评价方法：两种渠道以上的为A，两种渠道的为B，一种渠道的为C，无为D。		
	团队合作意识：与同学合作交流、听取同学意见、表达自己的观念、协助制订工作计划、无独自一人发呆走神现象、无抵触或不参与、协调小组成员、参与小组讨论 评价方法：全部合格为A，一个不合格为B，两个不合格为C，三个及三个以上不合格为D		
	7S管理意识：学习区、施工区、资讯区、仓储区 评价方法：全部合格为A，一个不合格为B，两个不合格为C，三个不合格为D		
职业能力评价项目（老师与组长评价）	当次项目工作页完成情况 评价方法：抽查引导问题，第一次成功为A，第二次成功为B，第三次成功为C，第四次及以上成功的为D		
	成果1：_____		
	成果2：_____		
	成果3：_____		
	成果4：_____		
	学习成果评价方法： 　　小组抽查形式：第一次成功为A，第二次成功为B，第三次成功为C，第四次及以上成功的为D。 　　个人考核形式：当次学习活动成绩90~100分为A；75~89分为B；60~74分为C；0~59分为D		
加分项目	1. 课堂积极发言一次加1分； 2. 上讲台总结发言一次加2分； 3. 成功组织策划课件活动一次加3分		
加分及扣分说明			

管线敷设

续表

学习情况描述	学习活动一	安排的工作任务：	日期：
		实际工作内容：	评价人：
		完成情况：	
	学习活动二	安排的工作任务：	日期：
		实际工作内容：	评价人：
		完成情况：	
	学习活动三	安排的工作任务：	日期：
		实际工作内容：	评价人：
		完成情况：	
教师评价			总评成绩：

学习任务三　办公楼镀锌线管敷设

【学习目标】

（1）能根据任务描述确定工作任务。
（2）能识别镀锌管。
（3）能根据图纸或工作任务要求确定安装位置。
（4）能选择镀锌管敷设所用的工具及材料。
（5）熟悉镀锌管敷设时涉及的国家标准。
（6）能根据现场勘查，编写施工计划。
（7）能根据任务要求绘画施工图和安装图。
（8）根据图纸进行镀锌管敷设。
（9）能进行工程验收。
（10）能撰写工作总结。
（11）能进行成果展示。
（12）能根据过程考核标准进行总结与评价。

【建议学时】

28学时。

【任务描述】

对某办公楼某办公区中的电线管路进行安装敷设，该办公区中共有多间办公室，每个房间都要安装多个网络电话信息点，分别位于房间的不同位置。根据要求和工程进度，现需要在 4 个工作日敷设镀锌线管至各网络电话信息点，为以后敷设信息网线做准备。办公室平面如图3-0-1所示。

安装位置说明：
（1）线管沿墙敷设，水平线管离地 2.2 m；
（2）插座底盒离地 0.3 m；
（3）相邻两插座相距 0.8 m，两侧距离相等；
（4）带开关插座离墙 0.5 m；
（5）插座居墙中安装。

【工作流程与内容】

（1）明确镀锌线管敷设任务和勘查施工现场。
（2）镀锌线管敷设——施工前的准备。

管 线 敷 设

(3) 镀锌线管敷设——现场施工。
(4) 工作总结与评价。

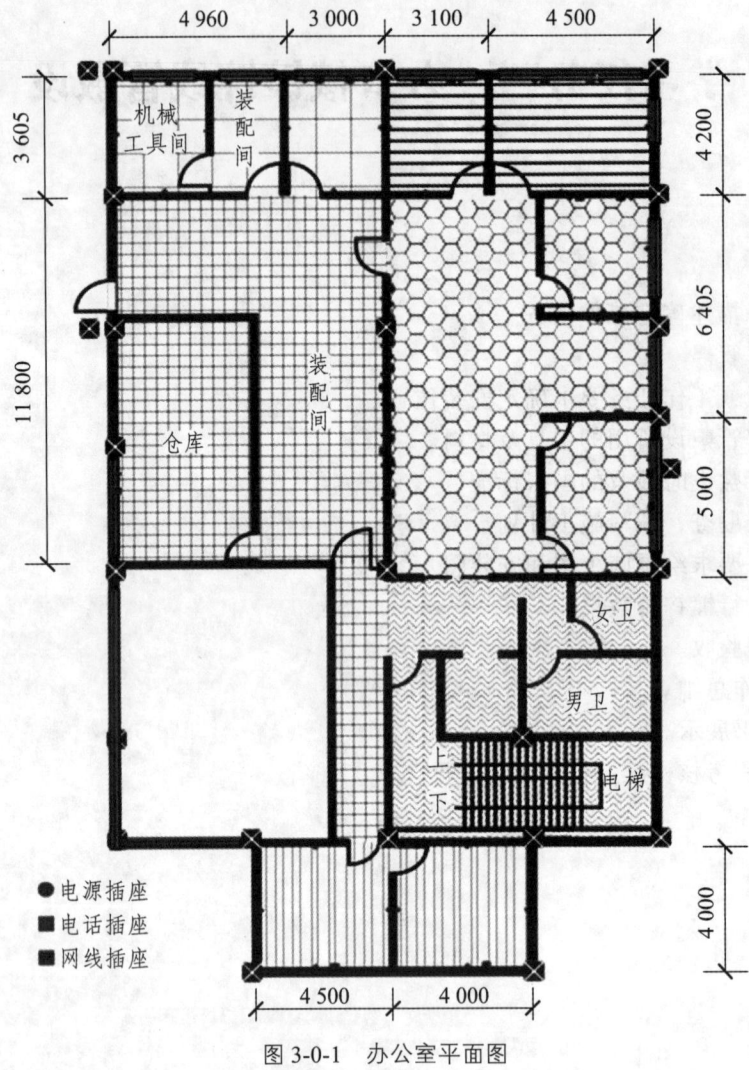

图 3-0-1　办公室平面图

学习活动一 明确镀锌线管敷设任务和勘查施工现场

学习目标

（1）能根据任务描述确定工作任务。
（2）能识别镀锌管。
（3）能根据图纸或工作任务要求确定安装位置。

建议学时

8学时。

学习准备

作业班组施工任务单、《建筑电气分项工程施工工艺标准手册》《建筑电气通用图集》、施工规范、工程安装派工单、施工图、图例资料、产品说明书、劳保用品。

学习过程

一、明确工作任务

工作任务联系单是施工作业中的基本单据，明确了该项工作的工作内容、时间要求、相关责任人等信息，施工人员在进行施工作业前，必须读懂工作任务联系单，准确获取该项工作的基本信息。

工作任务联系单形式多种多样，表3-1-1所示是本次"镀锌线管敷设"工作任务联系单，请阅读施工任务单，用自己的语言描述具体的工作内容（填写引导问题的空白工作页）。

表3-1-1 工作任务联系单

流水号：__002__	
类别：水□ 电□ 暖□ 土建□ 其他□　　日期：　　年　　月　　日	
施工地点	办公楼
施工项目	办公室信息工程改造
客户具体要求（工作内容）	1. 某办公室中共有40个网络电话信息点，分别位于10间房间内。根据工程进度，现需要在4个工作日敷设镀锌线管明敷至各电脑信息点位。 2. 要求最迟完成时间：4个工作日。 3. 质量交底要求及注意事项： 镀锌钢管（或电线管）壁厚均匀，无劈裂、砂眼、棱刺和凹扁现象，安装质量"横平竖直，美观牢固"。 4. 与客户保持沟通，有修改意见必须经客户同意方可实施

管线敷设

续表

申报时间	年 月 日	完工时间	年 月 日
申 报 人	行政办公室	安 装 人	
验收意见		验 收 人	
		联系电话	
项目负责人		安装组负责人	

引导问题1:请阅读施工文件,用自己的语言描述具体的工作内容。
根据小组讨论和对任务的分析,你从任务单中获得了一些信息,请填写下面内容:
(1)类　　别:水□　电□　暖□　土建□　其他□;
(2)安装地点:_____,安装内容:_____。
(3)安装要求:_____
_____。
(4)完工时间:_____。

二、了解镀锌管及其敷设用的工具

引导问题2:查阅资料,说说什么是镀锌管?有何特点?

引导问题3:查阅资料,了解镀锌管线敷设时常用的设备、仪表、工具,填写表3-1-2中的空白。

表3-1-2　镀锌管敷设常用工具

名　称	图　示	特　点	用　途
煨管器		制作的盘管具有质量高、操作方便、效率高等特点。	
液压开孔器			液压开孔器可供冶金、石油、化工、电子、电器、船舶、机械等行业安装维修电线管道、指示灯、仪表开关等的开孔,更适用于已成型的仪表面板底板,开关箱分线电器盒的壁面开孔
			用于建筑、装修、家具等行业,在物件上开孔或洞穿物体,有的行业也称之为电锤

续表

名　称	图　示	特　点	用　途
扁锉、圆锉		操作简单、方便	
钢锯		可切断较小尺寸的圆钢、角钢、扁钢和工件等	
钢尺			钢尺是最常用的丈量工具
		使用方便	用于物体的垂直度测量，多见于建筑工
		是电力电子等部门不可缺少的测量仪表，一般来测量电压、电流和电阻	

学习活动二　镀锌线管敷设——施工前的准备

学习目标

（1）能选择镀锌管敷设所用的工具及材料。
（2）熟悉镀锌管敷设时涉及的国家标准。
（3）能根据现场勘查，编写施工计划。
（4）能根据任务要求绘画施工图和安装图。

建议学时

4学时。

学习过程

一、熟悉工艺过程和标准规范

引导问题1：根据镀锌管敷设施工图标注的情况，搜集镀锌管敷设工艺过程和敷设手册，并以电子文档形式保存。摘录相关镀锌管敷设工艺内容。

引导问题2：查阅资料，找出镀锌管敷设所涉及的国家标准和规范。

二、制订计划

引导问题3：查阅相关资料了解施工的基本步骤，根据任务要求，结合现场勘查的实际情况，制订小组工作计划（见表3-2-1）。

表 3-2-1 "镀锌管敷设"工作计划

一、人员分工

1. 小组负责人：_____

2. 小组成员及分工

姓名	分　工

二、工具及材料清单

序号	工具或材料名称	单位	数量	备注

三、工序及工期安排

序号	工作内容	完成时间	责任人	备注

四、安全防护措施

三、学习评价

以小组为单位,展示本组制订的工作计划,然后在教师点评基础上对工作计划进行修改完善,并根据表 3-2-2 所示评分标准进行评分。

表 3-2-2 评分标准

评价内容	分值	评分		
		自我评价	小组评价	教师评价
计划制订是否有条理	10			
计划是否全面、完善	10			
人员分工是否合理	10			
任务要求是否明确	20			
工具清单是否正确、完整	20			
材料清单是否正确、完整	20			
团结协作	10			
合计				

小提示

制订科学的工作计划是高质量完成任务的保证。

小词典

计划是为了完成一定的目标而事前对措施和步骤做出的部署,让工作变得更为有序。

学习活动三 镀锌线管敷设——现场施工

学习目标

根据施工图纸进行镀锌管敷设。

建议学时

12 学时。

学习准备

施工规范、工程安装派工单,镀锌管线安装施工图、图例资料、铅笔、皮尺、水平尺、卷尺、尺杆、角尺、线坠、小线、粉线袋等。手锤、錾子、钢锯、锯条、刀锯、半圆锉、活扳子、灰桶、水桶等。弯管弹簧(简称弯簧)、剪管器,手电钻、钻头、压力案子、台钻等。热风机、电炉子、开孔器、绝缘手套。工具袋、工具箱、煨管器、高凳、劳保用品。

学习过程

一、熟悉工具器材

引导问题1：工具使用。
（1）水平尺的使用方法：

（2）钢锯的使用方法：

（3）弯管器的种类：

（4）角磨机的使用方法：

管线敷设

引导问题 2：如采用镀锌线管敷设，会用到表 3-3-1 中的哪些管材？请填写下表。

表 3-3-1　常用管材

名　称	图　示	特　点	用　途
接线盒			电线的接头部位（线路比较长，或者电线管要转角）采用接线盒作为过渡用。电线管与接线盒连接，线管里面的电线在接线盒中连起来，起到保护电线和连接电线的作用
		螺纹接头使管道的连接变得更简单，拆卸更换也更容易，大大节省了管道连接的成本	
连接弯管			改变管路连接方向
管路中间连接器			连接管路

二、熟悉工艺流程

引导问题 3：查阅资料，请完成镀锌线管明敷流程。
第一步：施工前的准备（列举用到的劳保用品等）。

_____

_____

第二步：按照图纸叙述安装位置及敷设方式（从施工图纸的图例中可以找到安装位置和敷设方式的信息）。

第三步：叙述镀锌管明敷的工艺过程及所用到的工具。

（1）工艺流程：

（2）器材、工具：

第四步：叙述管路与接线底盒连接时有哪些具体要求？（可以从敷设过程中找到这些信息）

三、镀锌管敷设

引导问题 4：镀锌管敷设的方式有_____和_____两种。暗敷的工艺过程是_____

引导问题 5：镀锌管明敷时，要用到哪些规范？

📖 小词典

管线敷设方式分为明敷设和暗敷设两种，明敷设用"E"表示，暗敷设用"C"表示。
对于建筑物来说，敷设部位分为梁敷设、地面敷设、墙体敷设、顶棚敷设和吊顶敷设。梁敷设用"B"表示、地面敷设用"F"表示、墙体敷设用"W"敷设、顶棚敷设用"C"表示、吊顶敷设用"AC"表示。
字母位置说明：第一位字母表示的是敷设部位，第二位字母表示的是敷设方式。
引导问题 6：你了解镀锌管敷设的基本要求吗？

小提示：配管要求

（1）金属电线保护管和金属盒（箱）必须与保护地线（PE线）可靠地电气连接。

（2）干燥场所的电线保护管宜采用薄壁钢管或可挠金属电线保护管。

（3）钢管的内壁、外壁均应作防腐处理。当埋设于混凝土内时，钢管外壁可不作防腐处理；采用镀锌管时，镀锌层剥落处应涂防腐漆。

（4）钢管的连接采用套管连接时，套管长度宜为管外径的1.5~3倍，镀锌钢管和薄壁钢管应采用螺纹连接或套管紧定螺钉连接，不应采用熔焊连接。

（5）配钢管或暗配的镀锌钢管与盒（箱）连接应采用锁紧螺母或保护圈帽固定，用锁紧螺母固定的管端螺纹宜外露锁螺母2~3扣。

（6）镀锌钢管或可挠金属电线保护管的跨接地线宜采用专用接地线卡接续，不应采用熔焊连接。

四、施工进度管理

施工时把实际工作情况，工作进度记录在表3-3-2中。

表3-3-2 施工进度表

施工项目	
施工班组	

注：请按实际工作情况记录工作进度。

学习活动四　工作总结与评价

学习目标

（1）能按施工规范验收。
（2）能撰写工作总结。
（3）能进行成果展示。
（4）能根据过程考核标准进行总结与评价。

建议学时

4学时。

学习过程

一、工程质量验收

按下列评分标准填写表3-4-1。
（1）管盒标高10分：管标高偏差超过20 mm每处扣2分，盒标高偏差超过10 mm每处扣2分。
（2）底盒间距10分：与要求偏差超过10 mm每处扣2分。
（3）水平布管10分：水平偏差超过5 mm每处扣2分。
（4）垂直布管10分：垂直偏差超过5 mm每处扣2分。
（5）管码间距10分：与规范不符每处扣2分。
（6）弯管质量5分：弯管有皱褶或凹扁每处扣1分。
（7）材料计划5分：施工用料未列入计划每项扣1分。
本次学习任务分配说明：
（1）施工质量验收60分，由验收小组进行验收评分，老师复核。
（2）小组提交资料20分，由老师根据小组完成资料情况评分。
（3）个人表现20分，由老师根据任务实施过程个人表现评分。

表3-4-1 施工质量验收单

施工项目						
施工日期				施工班组		
序号	验收项目	配分	评分标准	得分	备注	验收人签名
1	管盒标高	10	管标高偏差超过20 mm每处扣2分，盒标高偏差超过10 mm每处扣2分			
2	底盒间距	10	与要求偏差超过10 mm每处扣2分			
3	水平布管	10	水平偏差超过5 mm每处扣2分			
4	垂直布管	10	垂直偏差超过5 mm每处扣2分			
5	管码间距	10	与规范不符每处扣2分			
6	弯管质量	5	弯管有皱褶或凹扁每处扣1分			
7	材料计划	5	施工用料未列入计划每项扣1分			
			得分合计			

验收小组成员会签：

年　月　日

验收复核签名：

年　月　日

二、总结与评价

（1）制作完成本工作过程的 PPT 文件，并写出展示演讲的内容大纲。

（2）在本次学习任务的学习过程中，你参与了哪些工作？对你而言，哪项具体的工作富有挑战性？你是如何完成这项工作的？

（3）针对本学习任务实施过程中自己和小组其他成员的表现进行简要评价。

（4）实施镀锌管敷设工作任务过程中，你是否做到了 7S 管理？
　　　你认为你做的整理工作有：_____；
　　　整顿工作有：_____；
　　　清扫工作有：_____；
　　　清洁工作有：_____。

你提高了哪些素养：_____。

7S 管理的内容：

三、总结汇报及学习评价

各组推荐 1~2 名成员进行总结汇报，并简要说明学习过程中的经验和体会。观看他人汇报后，将他人总结和汇报过程中值得学习的地方和需要改进的地方用表 3-4-2 记录下来。学习完成后按表 3-4-3 和表 3-4-4 进行评价。

表 3-4-2 _____总结汇报

汇报人	值得学习的地方	还需要改进的地方

与其他小组相比，你所在的小组所做的展示有哪些优势和不足？

管线敷设

表 3-4-3 "镀锌管线敷设"综合评价

评价项目	评价内容	评价标准	评价方式		
			自我评价	小组评价	教师评价
职业素养	安全意识 责任意识	A 作风严谨、自觉遵章守纪、出色地完成工作任务； B 能够遵守规章制度、较好地完成工作任务； C 遵守规章制度、没完成工作任务或虽完成工作任务但未严格遵守规章制度； D 不遵守规章制度、没完成工作任务			
	学习态度	A 积极参与教学活动，全勤； B 缺勤达本任务总学时的10%； C 缺勤达本任务总学时的20%； D 缺勤达本任务总学时的30%			
	团队合作意识	A 与同学协作融洽，团结合作意识强； B 与同学能沟通，协同工作能力较强； C 与同学能沟通，协同工作能力一般； D 与同学沟通困难，协同工作能力较差			
专业能力	活动一： 勘查现场	A 按时、高质量完成调研及工作页，积极参与课堂活动，表现突出； B 按时、较好地完成工作页，积极参与课堂活动； C 没按时完成工作页，不积极参与课堂活动； D 未完成工作页，不参与课堂活动			
	活动二： 施工前准备	A 按时、完整地完成工作页，问题回答正确； B 按时、完整地完成工作页，问题回答基本正确； C 未能按时完成工作页，或内容遗漏、错误较多； D 未完成工作页			
专业能力	活动三： 现场施工	A 学习活动成绩为90~100分； B 学习活动成绩为75~89分； C 学习活动成绩为60~74分； D 学习活动成绩为0~59分			
	活动四： 总结与评价	A 学习活动成绩为90~100分； B 学习活动成绩为75~89分； C 学习活动成绩为60~74分； D 学习活动成绩为0~59分			
创新能力		学习过程中提出具有创新性、可行性的建议	加分奖励：		
学生姓名			综合评价等级		
指导教师			日　　期		

表 3-4-4 学习任务过程评价表

学习任务名称：_____

班级：_____ 组别：_____ 姓名：_____ 学号：_____

项目	评价内容	每次课评价	活动总评
职业素养评价项目（老师与观察员评价）	不迟到、不早退、仪容仪表、工衣、工牌 评价方法：全部合格为 A，一个不合格为 B，两个不合格为 C，三个不合格为 D		
	资讯（获取有效的信息）：网络、书籍、产品资料、老师、同学、相关规范及标准、其他 评价方法：两种渠道以上的为 A，两种渠道的为 B，一种渠道的为 C，无为 D		
	团队合作意识：与同学合作交流、听取同学意见、表达自己的观念、协助制订工作计划、无独自一人发呆走神现象、无抵触或不参与、协调小组成员、参与小组讨论 评价方法：全部合格为 A，一个不合格为 B，两个不合格为 C，三个及三个以上不合格为 D		
	7S 管理意识：学习区、施工区、资讯区、仓储区 评价方法：全部合格为 A，一个不合格为 B，两个不合格为 C，三个不合格为 D		
职业能力评价项目（老师与组长评价）	当次项目工作页完成情况 评价方法：抽查引导问题，第一次成功为 A，第二次成功为 B，第三次成功为 C，第四次及以上成功的为 D		
	成果1：_____		
	成果2：_____		
	成果3：_____		
	成果4：_____		
	学习成果评价方法： 小组抽查形式：第一次成功为 A，第二次成功为 B，第三次成功为 C，第四次及以上成功的为 D。 个人考核形式：当次学习活动成绩 90~100 分为 A；75~89 分为 B；60~74 分为 C；0~59 分为 D		
加分项目	1. 课堂积极发言一次加 1 分； 2. 上讲台总结发言一次加 2 分； 3. 成功组织策划课件活动一次加 3 分		
加分及扣分说明			

管 线 敷 设

续表

学习情况描述	学习活动一	安排的工作任务：	日期：
		实际工作内容：	评价人：
		完成情况：	
	学习活动二	安排的工作任务：	日期：
		实际工作内容：	评价人：
		完成情况：	
	学习活动三	安排的工作任务：	日期：
		实际工作内容：	评价人：
		完成情况：	
教师评价			总评成绩：

学习任务四　办公室 PVC 线槽敷设

【学习目标】

（1）能根据任务描述确定工作任务。
（2）能识别 PVC 线槽。
（3）能根据图纸或工作任务要求确定安装位置。
（4）能选择 PVC 线槽敷设所用的工具及材料。
（5）熟悉 PVC 线槽敷设时涉及的国家标准。
（6）能根据现场勘查，编写施工计划。
（7）能根据任务要求绘画施工图和安装图。
（8）根据图纸进行 PVC 线槽敷设。
（9）能按施工规范验收。
（10）能撰写工作总结。
（11）能进行成果展示。
（12）能根据过程考核标准进行总结与评价。

【建议学时】

32 学时。

【学习地点】

实训室。

【任务描述】

某集团公司改建办公室，需要为新办公室安装插座线路，如图 4-0-1 所示。要求安装计算机插座两个、墙装壁扇插座一个、挂墙式电视机插座一个，要求从电源箱引出，用 PVC 线槽敷设。

安装位置说明：
（1）线槽沿墙敷设，高处水平线槽离地 2.3 m；
（2）计算机插座底盒离地 0.3 m；
（3）相邻两插座相距 0.5 m，两侧与墙距离相等；
（4）墙装壁扇插座离墙 0.8 m，离地 2.2 m；
（5）挂墙式电视机插座居墙中安装，离地 1.6 m。

工作流程与活动

（1）明确 PVC 线槽敷设任务和勘查施工现场。

管 线 敷 设

（2）PVC 线槽敷设——施工前的准备。
（3）PVC 线槽敷设——现场施工。
（4）工作总结与评价。

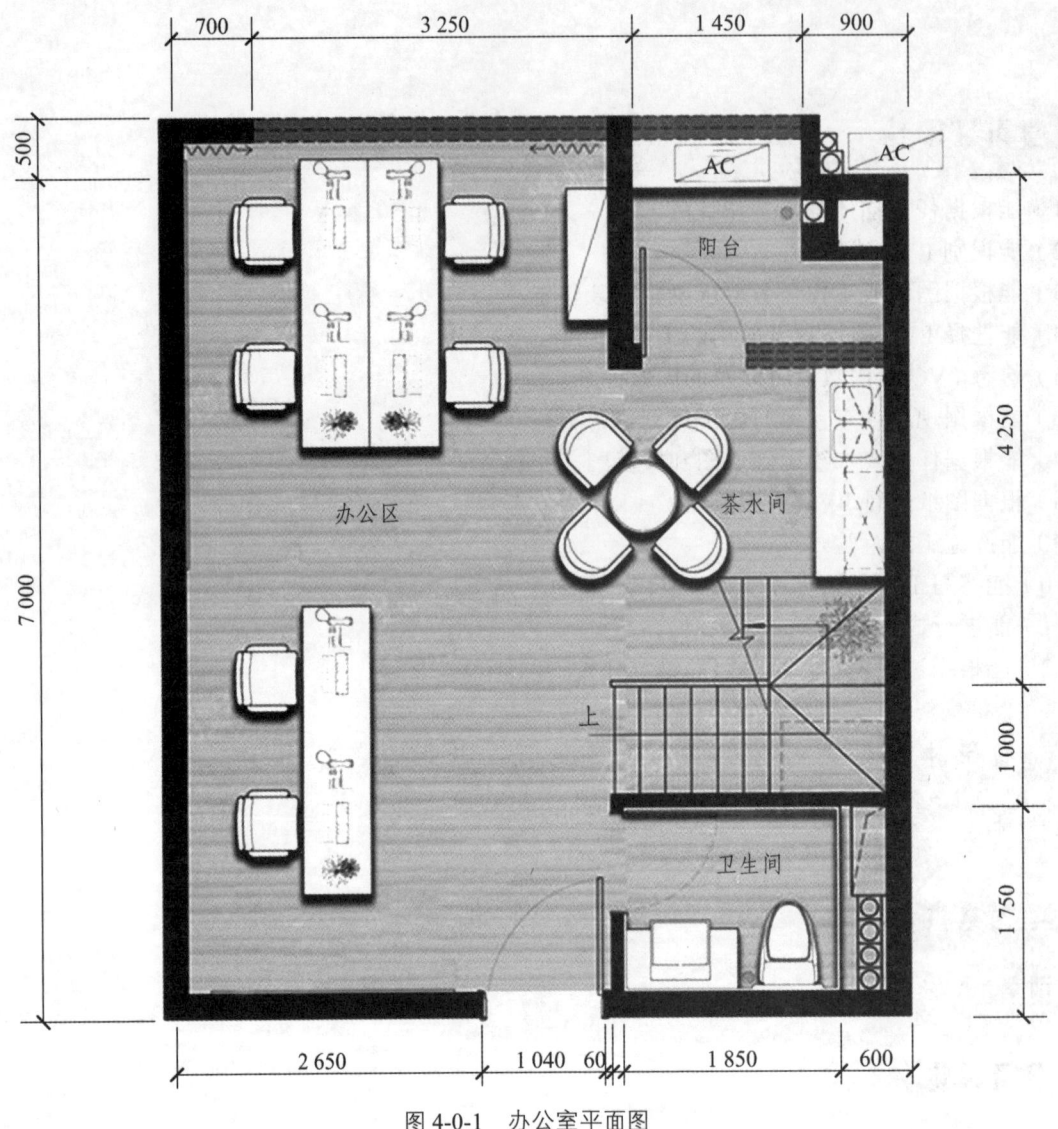

图 4-0-1 办公室平面图

学习活动一　明确 PVC 线槽敷设任务和勘查施工现场

学习目标

（1）能根据任务描述确定工作任务。
（2）能识别 PVC 线槽。
（3）能根据图纸或工作任务要求确定安装位置。

建议学时

8学时。

学习准备

用户手册、产品说明书、互联网资源、电源、工具设备材料、多媒体设备、产品说明书、相关国家标准、行业规范

学习过程

一、明确工作任务

阅读表 4-1-1 所示施工任务单，用自己的语言描述具体的工作内容（填写引导问题的空白工作页）。

表 4-1-1　工作任务联系单

流水号：　003				
类别：水□ 电□ 暖□ 土建□ 其他□　　日期：　　年　　月　　日				
施工地点	集团行政办公室			
施工项目	办公室 PVC 线槽敷设			
客户具体要求（工作内容）	1. 按照施工图样安装。明敷线槽，需改动时与客户沟通。 2. 线槽应平整，无扭曲变形，内壁无毛刺，各种附件齐全；线槽接口应平整，接缝处紧密平直，槽盖装上后应平整、无翘角，出线口的位置准确。 3. 线槽的所有拐角均应相互连接和跨接，使之成为一连续导体			
申报时间	年　　月　　日	完工时间	年　　月　　日	
申 报 人		安 装 人		
验收意见		验 收 人		
		联系电话		
项目负责人		安装组负责人		

二、PVC 线槽及附件认知

1. PVC 线槽

本次工作任务要求采用 PVC 线槽。PVC 线槽在日常生活和生产中十分常见，图 4-1-1 就是几种 PVC 线槽的应用实例。PVC 线槽安装维修方便、具有多种规格、成本较低，适用的场合较广泛，经常用于工程改造线路。

图 4-1-1　PVC 线槽应用实例

PVC 线槽多为白色，用于房屋构建装饰，一般为明装，给人以整齐、美观的感觉（见图 4-1-2）。

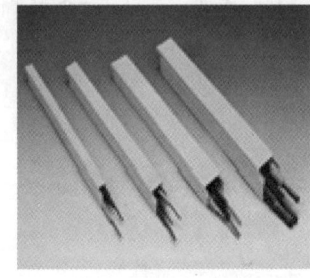
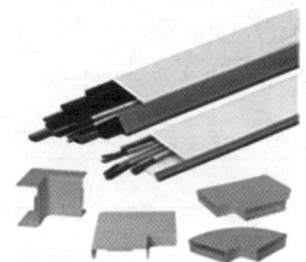

图 4-1-2　PVC 线槽

引导问题 1：常用 PVC 线槽有哪些类型？本次任务选用的是哪种类型？选择正确的测量工具，测量并记录所选槽板的规格尺寸。

引导问题 2：PVC 线槽敷设施工中需要使用手锯锯割槽板，使用手电钻在槽板内钻孔。查阅相关资料，了解这两种工具的使用方法，将操作要点记录下来，并讨论归纳，手电钻与冲击钻相比，有什么相同点和不同点。

2. 线槽配件及附件

写出图 4-1-3 中 PVC 配件的名称

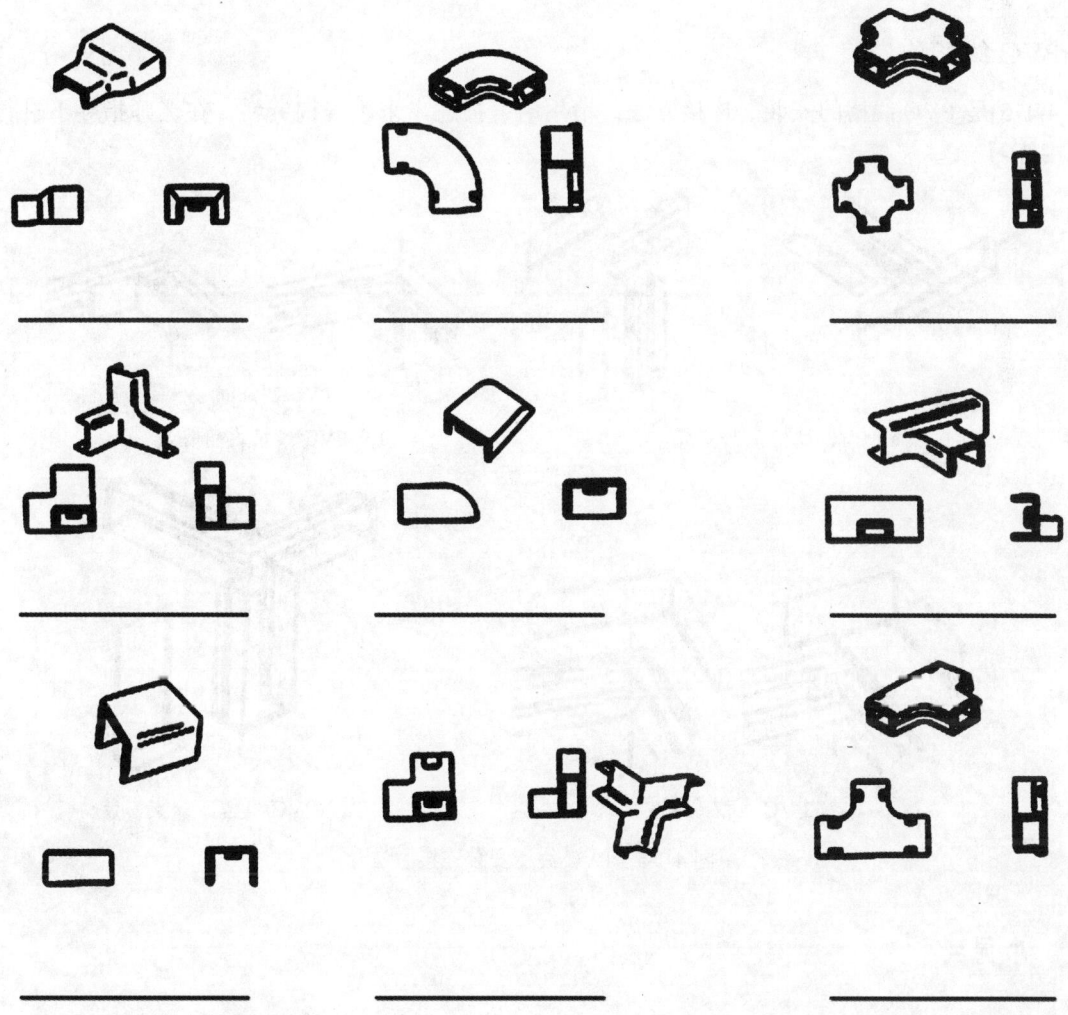

图 4-1-3　PVC 配件

3. 图 4-1-4 所示是 PVC 线槽安装示意图，请标注名称

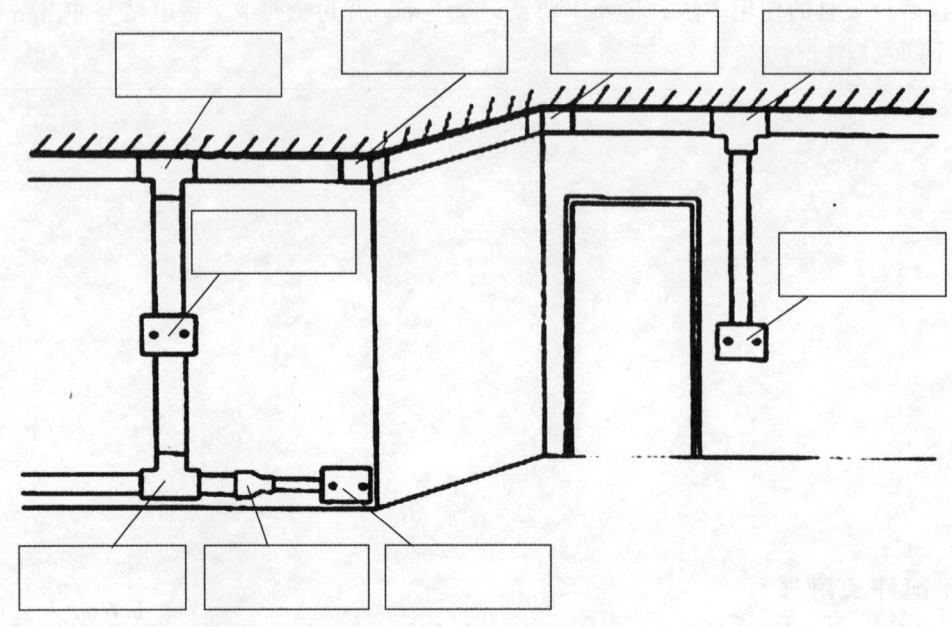

图 4-1-4　PVC 线槽安装示意

4. PVC 线槽的安装

图 4-1-5 是 PVC 线槽的安装、连接方法，请用语言描述出来，查询资料，在老师指导下进行 PVC 线槽连接练习。

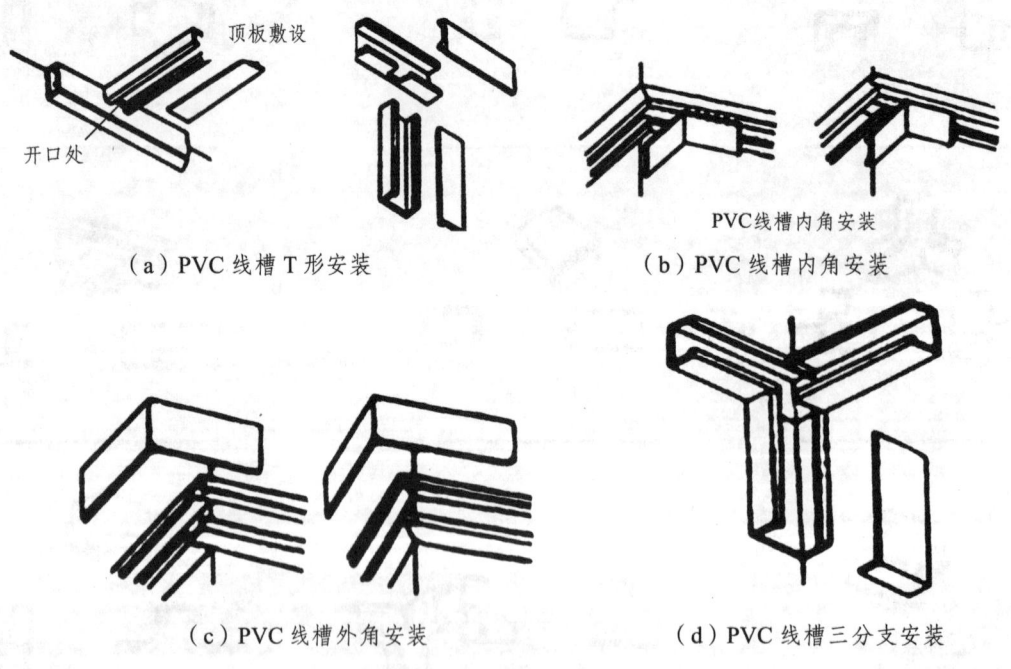

图 4-1-5　PVC 线槽安装连接方法

小词典

PVC 线槽（PVC, Polyvinylchlorid, 聚氯乙烯, 一种合成材）：一般通用叫法有行线槽，电气配线

槽，走线槽等。采用 PVC 塑料制造，具有绝缘、防弧、阻燃自熄等特点，主要用于电气设备内部布线，在 1 200 V 及以下的电气设备中对敷设其中的导线起机械防护和电气保护作用。使用后，配线方便，布线整齐，安装可靠，便于查找、维修和调换线路。

学习活动二　PVC 线槽敷设——施工前的准备

学习目标

（1）能选择 PVC 线槽敷设所用的工具及材料。
（2）熟悉 PVC 线槽敷设时涉及的国家标准。
（3）能根据现场勘查，编写施工计划。
（4）能根据任务要求绘画施工图和安装图。

建议学时

8 学时。

学习过程

一、熟悉施工过程和注意事项

引导问题 1：请同学们统计施工难点？施工安全注意事项是什么？
_____
_____
_____
_____
_____
_____

引导问题 2：根据施工任务单，写出完成 PVC 线槽安装的步骤。
_____
_____
_____
_____
_____
_____
_____

管线敷设

引导问题 3：

施工技术交底是工程施工前的重要工作，请同学们针对本项目按表 4-2-1 编写施工技术交底。

表 4-2-1 单位工程施工质量技术交底卡

施工单位： 编号：

工程名称			
施工项目部位		承接施工单位或班组	
技术交底内容：			
承接人： （签名）　　年　月　日		交底单位或部门：	交底人： （签名）　　年　月　日

二、制订计划

引导问题 4：查阅相关资料了解施工的基本步骤，根据任务要求，结合现场勘查的实际情况，制订小组工作计划（见表 4-2-2）。

表 4-2-2 "PVC 线槽敷设"工作计划

一、人员分工

1. 小组负责人：_____

2. 小组成员及分工

姓名	分工

二、工具及材料清单

序号	工具或材料名称	单位	数量	备注

三、工序及工期安排

序号	工作内容	完成时间	责任人	备注

四、安全防护措施

三、学习评价

以小组为单位，展示本组制订的工作计划。然后在教师点评基础上对工作计划进行修改完善，并根据表 4-2-3 评分标准进行评分。

表 4-2-3 评分标准

评价内容	分值	评 分		
		自我评价	小组评价	教师评价
计划制订是否有条理	10			
计划是否全面、完善	10			
人员分工是否合理	10			
任务要求是否明确	20			
工具清单是否正确、完整	20			
材料清单是否正确、完整	20			
团结协作	10			
合 计				

小提示

制订科学的工作计划是高质量完成任务的保证。关于如何制订工作计划，同学们可参照前面任务的提示内容。

学习活动三　PVC 线槽敷设——现场施工

学习目标

根据施工图纸进行 PVC 线槽敷设。

建议学时

12 学时。

学习过程

施工准备工作和施工计划已经完成，下面将实施 PVC 线槽的敷设。

一、PVC 线槽敷设的基本概念

引导问题 1：常用的 PVC 线槽配套附件有哪些？

引导问题 2：PVC 线槽的敷设方式？

引导问题 3：PVC 线槽如何选用？

引导问题 4：查阅相关资料，列举 PVC 线槽敷设会用到哪些工具？

引导问题 5：线槽下料的要求。

引导问题 6：根据图 4-3-1，用你的语言来描述 PVC 线槽的固定方法？

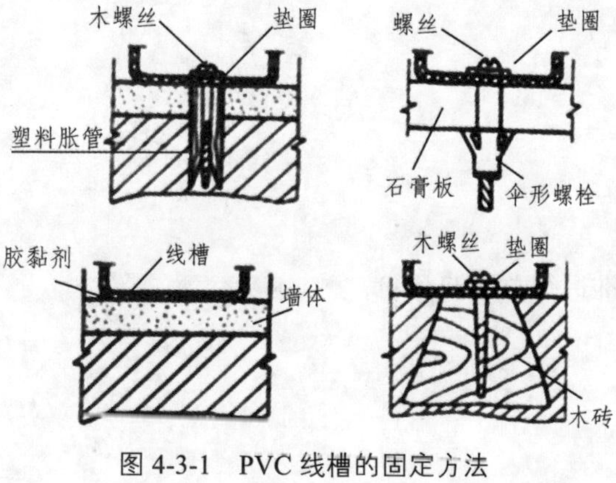

图 4-3-1　PVC 线槽的固定方法

引导问题 7：一根 2 m 的 PVC 线槽固定最少要几个固定点？

二、现场施工

以小组为单位,根据施工计划,领取使用的工具及耗材等,完成 PVC 线槽的敷设。施工过程中明确时间,遇到问题,及时汇报,并将实际工作情况、工作进度记录在表 4-3-1 中。

表 4-3-1　施工进度表

施工项目	
施工班组	

注:请按实际工作情况记录工作进度。

学习活动四　工作总结与评价

学习目标

(1)能按施工规范验收。
(2)能撰写工作总结。
(3)能进行成果展示。
(4)能根据过程考核标准进行总结与评价。

建议学时

4 学时。

学习过程

一、工程质量验收

你已经按照线槽敷设的国家标准和施工规范,完成了 PVC 线槽的敷设,下面请按照施工任务单,完成工程验收。

引导问题1：PVC线槽敷设质量控制要点有哪些？应注意哪些质量问题？

_____

_____

引导问题2：请同学们查阅规范要求，根据本次施工任务制订验收项目及验收标准，完成表4-4-1。

表4-4-1 施工质量验收单

施工项目					
施工日期			施工班组		
序号	验收项目	配分	评分标准	得分	备注	验收人签名
1						
2						
3						
4						
5						
6						
7						
得分合计					
验收小组成员会签： 年 月 日					
验收复核签名： 年 月 日					

本次学习任务分配说明：

（1）施工质量验收60分，由验收小组进行验收评分，老师复核。

（2）小组提交资料20分，由老师根据小组完成资料情况评分。

（3）个人表现20分，由老师根据任务实施过程个人表现评分。

二、总结与评价

（1）制作完成本工作过程的PPT文件，并写出展示演讲的内容大纲。

（2）在本次学习任务的学习过程中，你参与了哪些工作？

（3）针对本学习任务实施过程中的自己和小组其他成员的表现进行简要评价。

三、总结汇报及学习评价

各组推荐 1~2 名成员进行总结汇报，并简要说明学习过程中的经验和体会。观看他人汇报后，将他人总结和汇报过程中值得学习的地方和需要改进的地方用表 4-4-2 记录下来。学习完成后按表 4-4-3 和表 4-4-4 进行评价。

表 4-4-2 ＿＿＿＿＿＿＿总结汇报

汇报人	值得学习的地方	还需要改进的地方
与其他小组相比，你所在的小组所做的展示有哪些优势和不足？		

表4-4-3 "PVC线槽敷设"综合评价

评价项目	评价内容	评价标准	评价方式		
			自我评价	小组评价	教师评价
职业素养	安全意识 责任意识	A 作风严谨、自觉遵章守纪、出色地完成工作任务； B 能够遵守规章制度、较好地完成工作任务； C 遵守规章制度、没完成工作任务或虽完成工作任务但未严格遵守规章制度； D 不遵守规章制度、没完成工作任务			
	学习态度	A 积极参与教学活动，全勤； B 缺勤达本任务总学时的10%； C 缺勤达本任务总学时的20%； D 缺勤达本任务总学时的30%			
	团队合作意识	A 与同学协作融洽，团结合作意识强； B 与同学能沟通，协同工作能力较强； C 与同学能沟通，协同工作能力一般； D 与同学沟通困难，协同工作能力较差			
专业能力	活动一：勘查现场	A 按时、高质量完成调研及工作页，积极参与课堂活动，表现突出； B 按时、较好地完成工作页，积极参与课堂活动； C 没按时完成工作页，不积极参与课堂活动； D 未完成工作页，不参与课堂活动			
	活动二：施工前准备	A 按时、完整地完成工作页，问题回答正确； B 按时、完整地完成工作页，问题回答基本正确； C 未能按时完成工作页，或内容遗漏、错误较多； D 未完成工作页			
专业能力	活动三：现场施工	A 学习活动成绩为90~100分； B 学习活动成绩为75~89分； C 学习活动成绩为60~74分； D 学习活动成绩为0~59分			
	活动四：总结与评价	A 学习活动成绩为90~100分； B 学习活动成绩为75~89分； C 学习活动成绩为60~74分； D 学习活动成绩为0~59分			
创新能力		学习过程中提出具有创新性、可行性的建议	加分奖励：		
学生姓名			综合评价等级		
指导教师			日　　期		

管 线 敷 设

表 4-4-4 学习任务过程评价表

学习任务名称：_____

班级：_____ 组别：_____ 姓名：_____ 学号：_____

项目	评价内容	每次课评价	活动总评
职业素养评价项目（老师与观察员评价）	不迟到、不早退、仪容仪表、工衣、工牌 评价方法：全部合格为 A，一个不合格为 B，两个不合格为 C，三个不合格为 D		
	资讯（获取有效的信息）：网络、书籍、产品资料、老师、同学、相关规范及标准、其他 评价方法：两种渠道以上的为 A，两种渠道的为 B，一种渠道的为 C，无为 D		
	团队合作意识：与同学合作交流、听取同学意见、表达自己的观念、协助制订工作计划、无独自一人发呆走神现象、无抵触或不参与、协调小组成员、参与小组讨论 评价方法：全部合格为 A，一个不合格为 B，两个不合格为 C，三个及三个以上不合格为 D		
	7S 管理意识：学习区、施工区、资讯区、仓储区 评价方法：全部合格为 A，一个不合格为 B，两个不合格为 C，三个不合格为 D		
职业能力评价项目（老师与组长评价）	当次项目工作页完成情况 评价方法：抽查引导问题，第一次成功为 A，第二次成功为 B，第三次成功为 C，第四次及以上成功的为 D		
	成果 1：_____		
	成果 2：_____		
	成果 3：_____		
	成果 4：_____		
	学习成果评价方法： 小组抽查形式：第一次成功为 A，第二次成功为 B，第三次成功为 C，第四次及以上成功的为 D。 个人考核形式：当次学习活动成绩 90~100 分为 A；75~89 分为 B；60~74 分为 C；0~59 分为 D		
加分项目	1. 课堂积极发言一次加 1 分； 2. 上讲台总结发言一次加 2 分； 3. 成功组织策划课件活动一次加 3 分		
加分及扣分说明			

续表

学习情况描述	学习活动一	安排的工作任务：	日期：
		实际工作内容：	评价人：
		完成情况：	
	学习活动二	安排的工作任务：	日期：
		实际工作内容：	评价人：
		完成情况：	
	学习活动三	安排的工作任务：	日期：
		实际工作内容：	评价人：
		完成情况：	
教师评价			总评成绩：

学习任务五　办公楼镀锌线槽敷设

【学习目标】

（1）能根据任务描述确定工作任务。
（2）能识别镀锌线槽。
（3）能根据图纸或工作任务要求确定安装位置。
（4）能选择镀锌线槽敷设所用的工具及材料。
（5）熟悉镀锌线槽敷设时涉及的国家标准。
（6）能根据现场勘查，编写施工计划。
（7）能根据任务要求绘画施工图和安装图。
（8）根据图纸进行镀锌线槽敷设。
（9）能按施工规范验收。
（10）能撰写工作总结。
（11）能进行成果展示。
（12）能根据过程考核标准进行总结与评价。

【建议学时】

40学时。

【学习地点】

实训室。

【任务描述】

某公司新建行政办公楼，根据工程设计要求，室内照明电源线缆采用三芯电缆，经由 100×50 镀锌线槽采用支架方式，敷设至楼层配电箱（见图 5-0-1）。请按相关规范，在 7 个工作日内，完成镀锌线槽的安装、接续、分支处理。

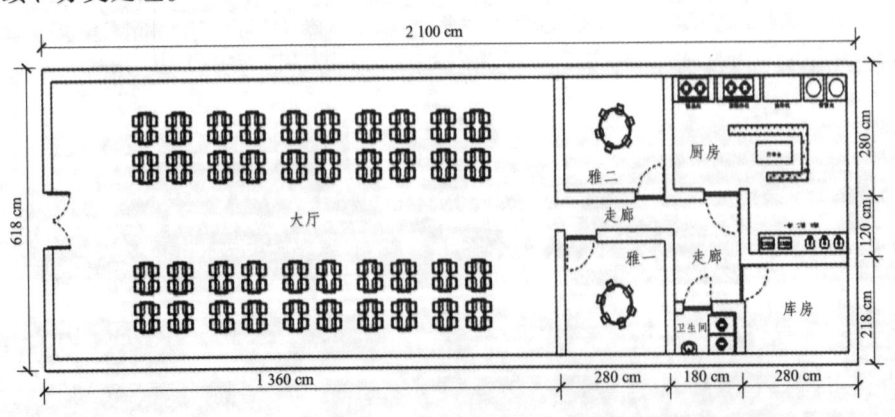

图 5-0-1　办公室平面图

安装位置说明：
（1）线槽沿墙敷设，高处水平线槽离地 2.3 m。
（2）计算机插座底盒离地 0.3 m。
（3）相邻两插座相距 0.5 m，两侧与墙距离相等。
（4）墙装壁扇插座离墙 0.8 m，离地 2.2 m。
（5）立面挂墙式电视机插座居墙中安装，离地 1.6 m。

【工作流程与活动】

（1）明确镀锌线槽敷设任务和勘查施工现场。
（2）镀锌线槽敷设——施工前的准备。
（3）镀锌线槽敷设——现场施工。
（4）工作总结与评价。

管线敷设

学习活动一　明确镀锌线槽敷设任务和勘查施工现场

学习目标

（1）能根据任务描述确定工作任务。
（2）能识别镀锌线槽。
（3）能根据图纸或工作任务要求确定安装位置。

建议学时

8学时。

学习准备

（1）常用工具：金属开孔器、冲击电钻、冲子、锤子、墨盒、水平尺、钢锯、直柄麻花钻、切割机、手电钻、手磨机、临时电源。
（2）材料：M8顶爆膨胀螺栓、金属线槽及附件、各种固定螺钉、铜编织线。
（3）设备：互联网资源、多媒体教学设备、白板和展示板。
（4）常用量具：三角尺、金属直尺、钢卷尺、水平尺等。
（5）资料：
① 配电设计规范；
② 电气装置安装工程电缆线路施工及验收规范；
③ 电气装置安装工程电气照明施工及验收规范；
④ 建筑电气工程施工质量验收规范；
⑤ 电气装置安装工程低压电器施工及验收规范。

学习过程

一、明确工作任务

阅读表 5-1-1 所示的任务单，用自己的语言描述具体的工作内容（填写引导问题的空白工作页）。

表 5-1-1　工作任务联系单

流水号：____004____	
类别：水□ 电□ 暖□ 土建□ 其他□　　日期：　　年　　月　　日	
施工地点	公司行政办公楼
施工项目	镀锌线槽敷设

续表

客户具体要求 （工作内容）	1. 按照施工图样安装。敷设方式：明敷。工期7天。必要时与客户沟通，提出修改意见。 2. 线槽应平整，无扭曲变形，内壁无毛刺，各种附件齐全；线槽接口应平整，接缝处紧密平直，槽盖装上后应平整、无翘角，出线口的位置准确。 3. 线槽的所有拐角均应相互连接和跨接，使之成为一连续导体，并做好整体接地；线槽安装应符合《建筑电气工程施工质量验收规范》（GB 50303—2015）的有关规定		
申报时间	年　月　日	完工时间	年　月　日
申 报 人	行政办公室	安 装 人	工程部
验收意见		验 收 人	
		联系电话	
项目负责人		安装组负责人	

二、明确施工任务

引导问题1：结合学习活动描述和施工工作联系单，列出本次施工任务的具体工作内容和质量标准（查阅规范）。

_____
_____
_____
_____
_____
_____

三、线槽认知

线槽分为金属线槽和塑料线槽。

1. 金属线槽

金属线槽品种规格较多，常用的型号规格见表5-1-2和表5-1-3。

表5-1-2　常用金属线槽规格表

金属线槽型号	线槽高×线槽宽/mm
GXC30	30×45
GXC40	40×55
GXC45	45×45（100）
GXC50	50×100
GXC65	65×120

2. 塑料线槽

表 5-1-3 常用塑料线槽规格表

型号	宽×高/mm
VXC-25	25×12.5
VXC-40	40×30
VXC-60	60×30
VXC-80	80×50

引导问题 2：从结构上分，电缆桥架分为____式、____式和____式、____式等，桥架一般由____、____和____等组成（见图 5-1-1）。

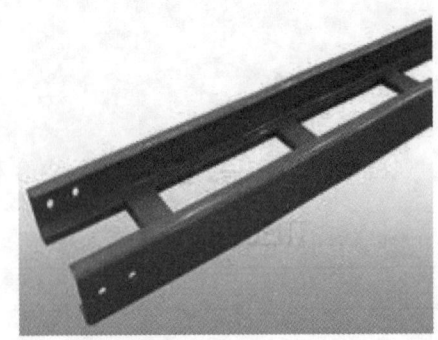

图 5-1-1 线槽

引导问题 3：查阅相关资料，在图 5-1-2 中，标出桥架各相关部件的名称。

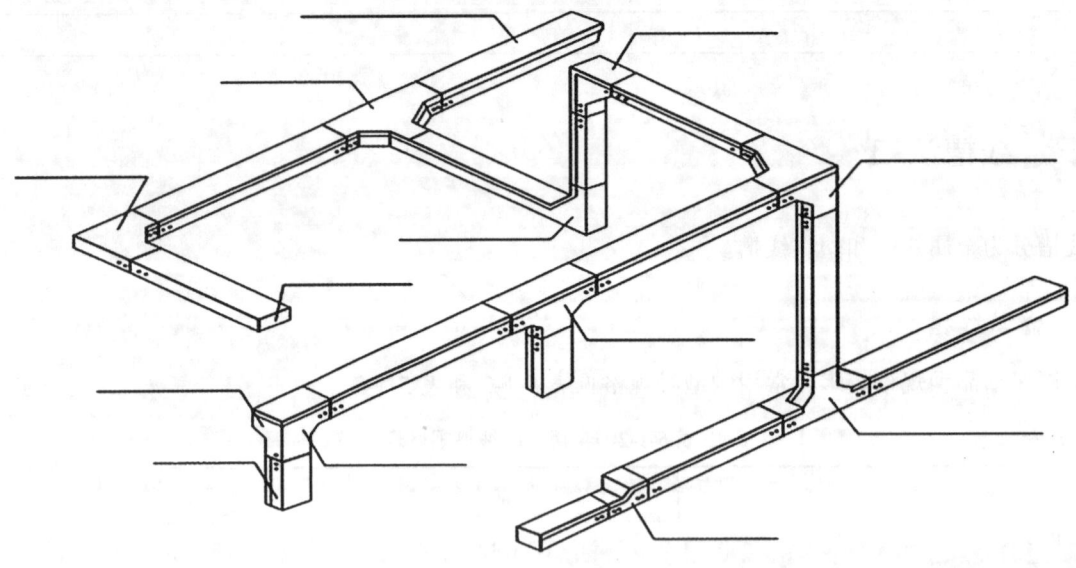

图 5-1-2 线槽组合

引导问题 4：查询资料，写出桥架与金属线槽的区别有哪些。

_____

_____

引导问题 5：合理使用量具，测量施工中使用到的线槽规格，填写表 5-1-4。

表 5-1-4 测量线槽

测量项目	使用量具	测量值
线槽长		
线槽宽		
线槽高		
线槽厚度		

四、勘查现场及识图

阅读施工平面示意图（见图 5-1-3），并勘查现场，初步确定线槽安装位置及安装方法。

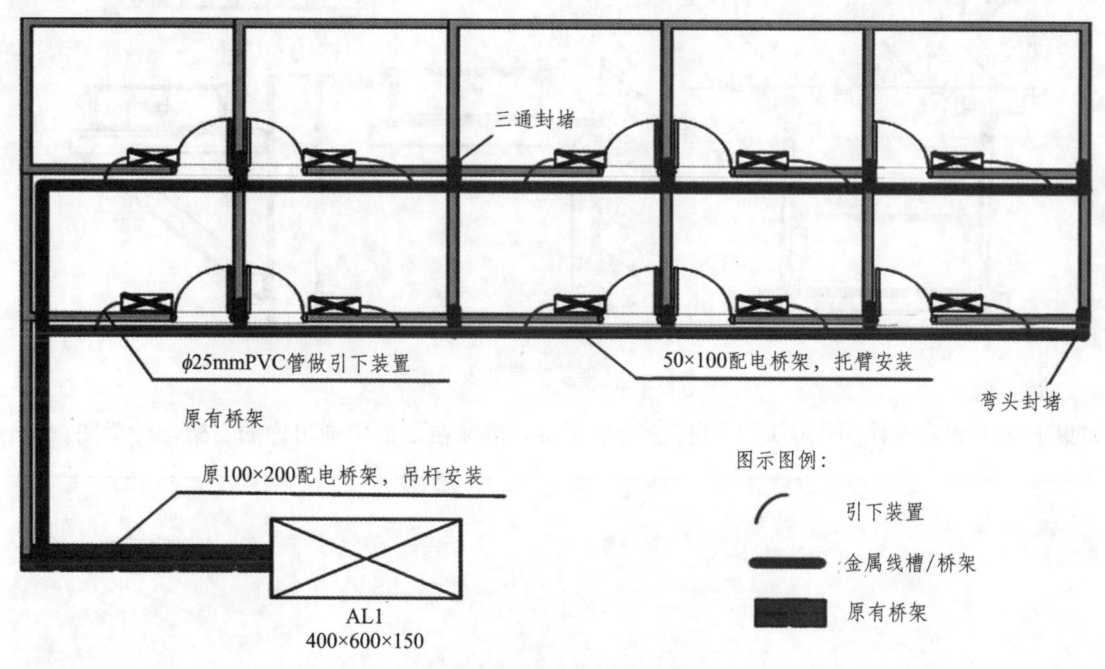

图 5-1-3 施工平面示意图

引导问题 6：查阅有关资料，确定施工现场线槽（或电缆桥架）支架的间距为_____m。

管 线 敷 设

引导问题 7：查阅电气工程施工工艺标准，请写出电缆桥架（或金属线槽）的安装施工工序。

_____
_____
_____
_____
_____

引导问题 8：图 5-1-4 中有多种托臂或支吊架安装方式，请根据工程设计要求及现场条件确定本次施工中适宜选用哪种安装方式。

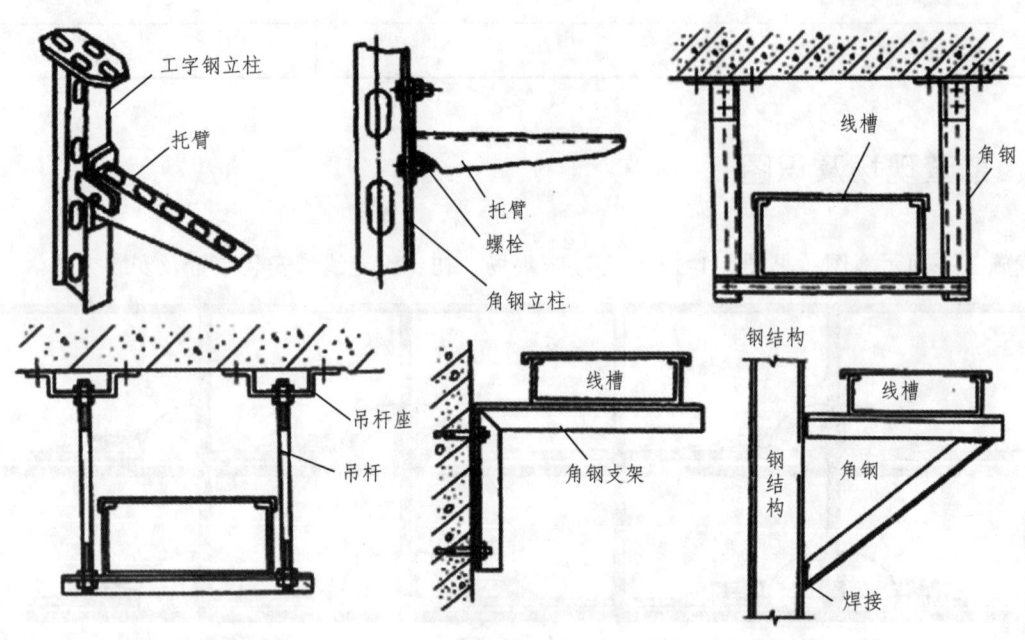

图 5-1-4 托架及支吊架安装方式

如果上述方式在本次施工中均不可行，请根据实际情况在下框中画出你的支架设计草图。

学习活动二 镀锌线槽敷设——施工前的准备

学习目标

（1）能选择镀锌线槽敷设所用的工具及材料。
（2）熟悉镀锌线槽敷设时涉及的国家标准。
（3）能根据现场勘查，编写施工计划。
（4）能根据任务要求绘画施工图和安装图。

建议学时

16学时。

学习过程

一、熟悉安装方式和工具

引导问题1：桥架/金属线槽在施工中一般有吊杆安装法、托臂安装法、门型支架安装法，请观察下图，标注出图5-2-1中分别采用哪种安装方法。

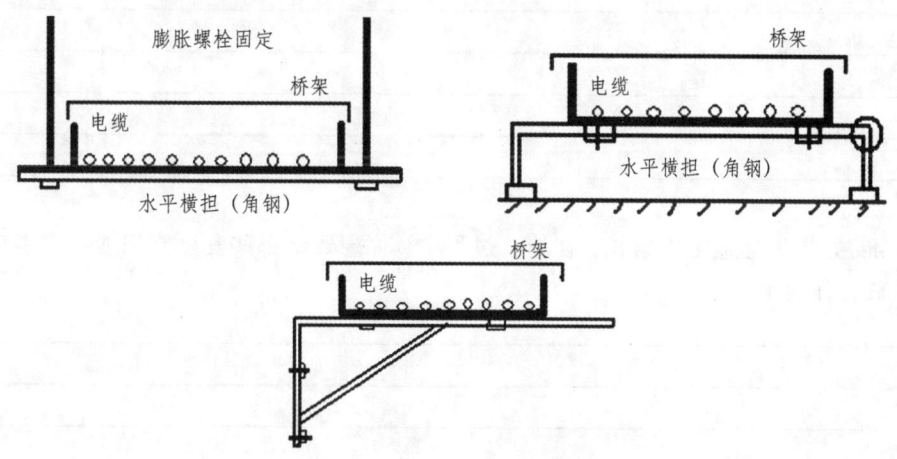

图 5-2-1　桥架金属线槽安装方法

引导问题2：图5-2-2中的工具分别是什么？在哪些施工环节可以用到？请在工具下面的矩形框中填写。

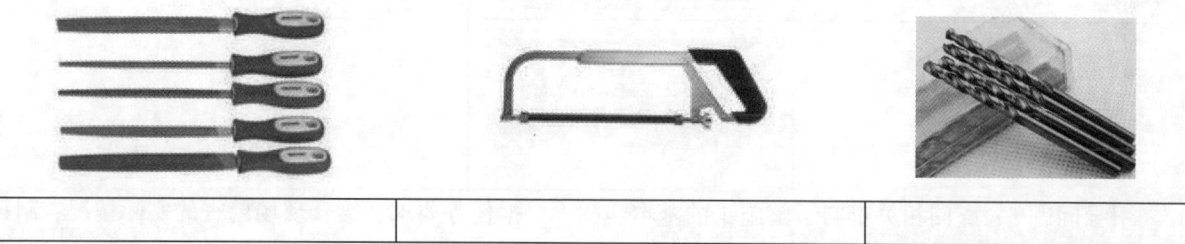

管线敷设

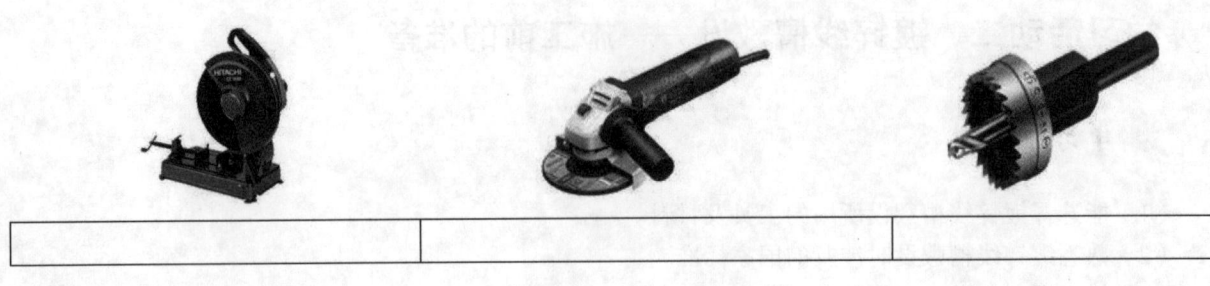

图 5-2-2　安装工具

引导问题 3：通过前期知识准备和现场勘查，相信你对此次施工已经心中有数了，本次施工中，我们会用到哪些电动工具呢？

_____
_____
_____
_____
_____
_____

引导问题 4：如果你是施工班组长，在施工过程中，你想要将哪些安全常识或注意事项告诉你的组员呢？请写下来，并展示。

_____
_____
_____
_____
_____
_____

二、制订计划

引导问题 5：查阅相关资料了解施工的基本步骤，根据任务要求，结合现场勘查的实际情况，制订小组工作计划（见表 5-2-1）。

表 5-2-1　"镀锌线槽敷设"工作计划

一、人员分工

1. 小组负责人：_____

2. 小组成员及分工

姓名	分　工

二、工具及材料清单

序号	工具或材料名称	单位	数量	备注

三、工序及工期安排

序号	工作内容	完成时间	责任人	备注

四、安全防护措施

三、学习评价

以小组为单位,展示本组制订的工作计划。然后在教师点评基础上对工作计划进行修改完善,并根据表 5-2-2 评分标准进行评分。

表 5-2-2 评分标准

评价内容	分值	评 分		
		自我评价	小组评价	教师评价
计划制订是否有条理	10			
计划是否全面、完善	10			
人员分工是否合理	10			
任务要求是否明确	20			
工具清单是否正确、完整	20			
材料清单是否正确、完整	20			
团结协作	10			
合 计				

学习活动三 镀锌线槽敷设——现场施工

学习目标

根据施工图纸进行线槽敷设。

建议学时

12 学时。

学习过程

一、简易支架(或托臂)的制作及安装

引导问题 1:图 5-3-1 为角钢和万能角铁的图片,试述两者的区别。

_____
_____
_____

 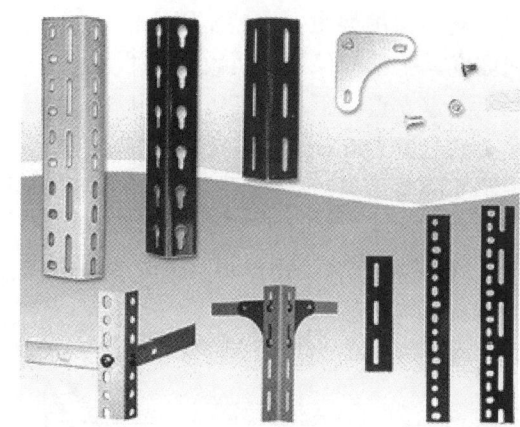

图 5-3-1　角钢和万能角铁

引导问题 2：利用角钢制作支架或吊架时，角铁之间可以采用焊接方式，如果制作支架的材料选用万能角铁，角铁之间应采用什么方式进行连接？

_____

_____

引导问题 3：某工人现场利用万能角铁制作一个三角支撑架，支撑架沿墙安装，如图 5-3-2 所示，请计算所需万能角铁应为_____m，方颈螺丝及螺母各_____个。

 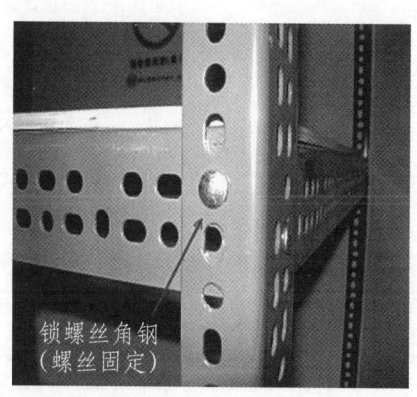 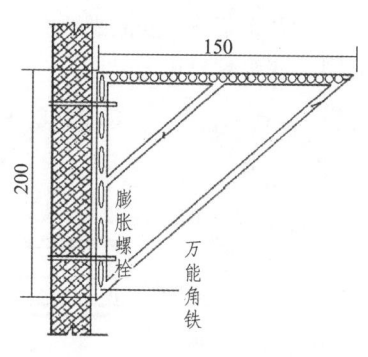

图 5-3-2　万能角铁的连接

制作好支架后，就要弹线定位，根据设计图确定出进户线、盒、箱、柜等电气器具的安装位置，从始端至终端（先干线后支线）找好水平或垂直线，用粉线袋沿墙壁、顶棚和地面等处，在线路的中心线进行弹线，按照设计图要求及施工验收规范规定，分匀档距并用笔标出具体位置。

引导问题 4：弹线定位工作完成后，需要在墙壁上打孔安装支架，在墙上打孔应选用_____电钻。钻头大小的选用应根据_____决定，在本次施工中，选用钻头的型号为_____。

引导问题 5：如图 5-3-3 所示，金属线槽在墙体上水平安装时使用托臂支承，若金属线槽宽度 b 为 100 mm，则支承架水平宽度为_____mm，线槽与支承架固定的螺栓孔中心与线槽壁的距离间距应为mm，线槽离墙的距离应为_____mm。

支架与吊架安装要求：

（1）支架与吊架用钢材应平直，无显著扭曲。下料后长短偏差应在 5 mm 范围内，切口处应无卷边、毛刺。（若因切割而产生毛刺，应如何处理？_____。）

管 线 敷 设

（2）支架与吊架主尖安装牢固，保证横平竖直，在有坡度的建筑物上安装支架与吊架应与建筑物有相同坡度。（如何保证安装做到横平竖直？_____。）

（3）固定支点间距一般不应大于 1.5~2 m。 在进出接线盒、箱、柜、转角、转弯和变形缝两端及丁字接头的三端 500 mm 以内应设置固定支持点。

（4）支架与吊架距离上层楼板不应小于 150~200 mm；距地面高度不应低于 100~150 mm。

（5）严禁用木砖固定支架与吊架。

（6）800 mm 线槽采用楼板打通孔安装吊杆，800 mm 以下线槽用金属膨胀螺栓安装吊杆。

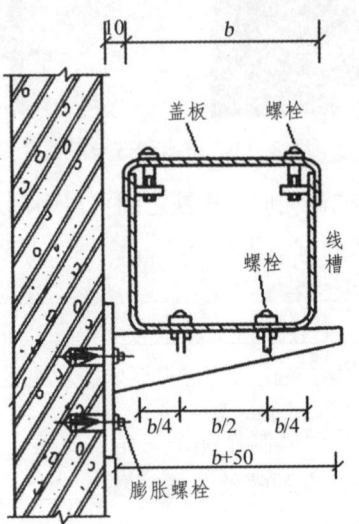

图 5-3-3　线槽安装

引导问题 6：膨胀螺栓是将管路支/吊/托架或设备固定在墙上、楼板上、柱上所用的一种特殊螺纹连接件。膨胀螺栓由_____、_____、_____、_____和_____组成。请在图 5-3-4 中标出各部件名称。

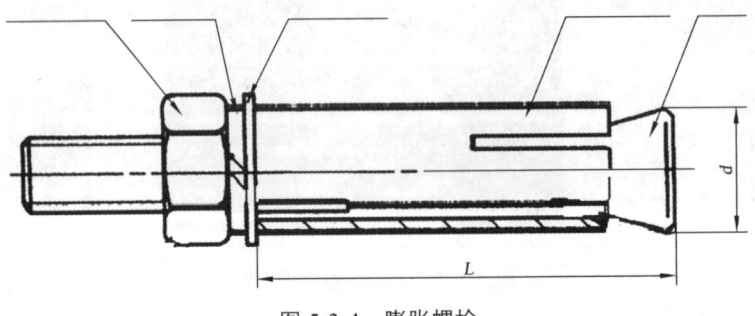

图 5-3-4　膨胀螺栓

引导问题 7：请简述膨胀螺栓的使用方法。

_____
_____
_____
_____
_____

引导问题 8：装支架时，膨胀螺栓被拔出而无法固定牢固，原因主要是_____
_____

二、桥架（或金属线槽）的安装及接续

引导问题 9：根据施工图设计要求，本次施工中所选用的桥架规格为_____
_____
_____

引导问题 10：桥架安装前，需要进行全面检查，请写出检查的具体内容。
_____
_____
_____
_____

引导问题 11：桥架与支架托臂应紧密、牢固的连接在一起，需要使用桥架螺丝（又称方颈螺丝），请从图 5-3-5 中选出正确的螺丝。

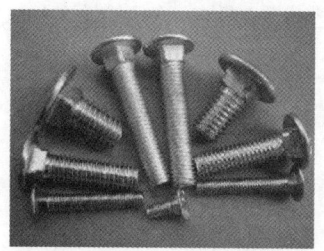

图 5-3-5　选取桥架螺丝

引导问题 12：如图 5-3-6 所示，金属线槽在墙上固定安装时，可采用半圆头木螺丝配塑料胀管的安装方式，当线槽宽度小于 100 mm 时，可采用_____个胀管固定，如线槽的宽度大于 100 mm 时，应采用_____个胀管固定。

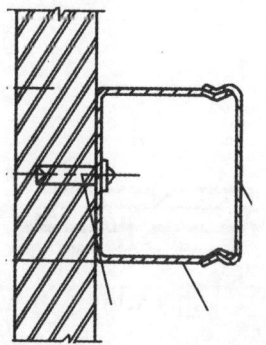
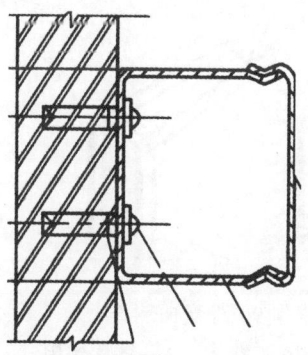

图 5-3-6　塑料胀管安装

引导问题 13：线槽与线槽之间的连接，一般采用连接片（板）的方式，结合图 5-3-7，加上你的理解，完成图中各部件名称填写。

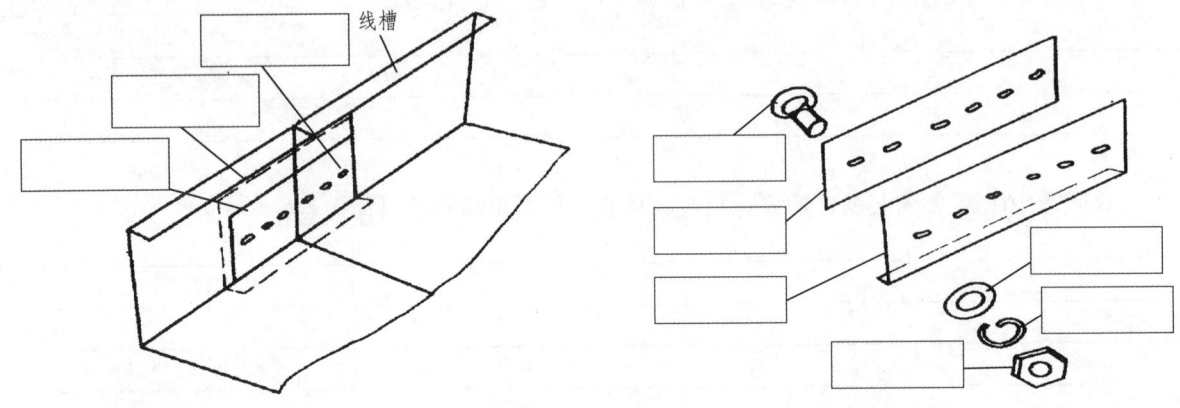

图 5-3-7 线槽连接

引导问题 14：采用连接板接续桥架（或金属线槽）时，固定连接板的螺栓应紧固，且螺母应朝向桥架（或金属线槽）的_____侧。（外/内）

引导问题 15：图 5-3-8~图 5-3-10 是自制线槽连接配件示意图，自己动手制作一次，总结经验，完成下图中尺寸的标注（线槽规格设为 100×50）。图 5-3-8（a）中，1 和 2 之间的尺寸应为：_____
_____。

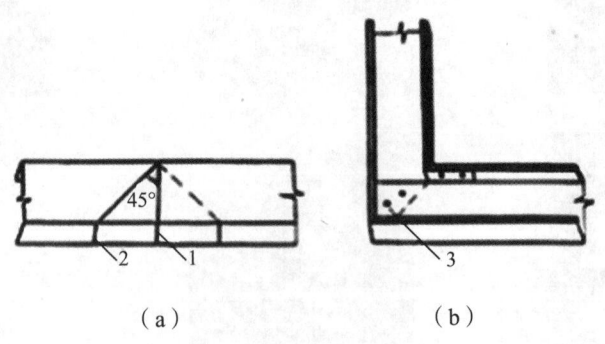

图 5-3-8 线槽水平弯曲制作

1—沿粗实线剪开；2—沿线向外弯 90°；3—铆钉铆接

图 5-3-9 中，位置 2 处折下的尺寸应为_____。

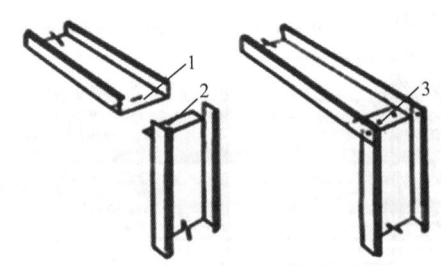 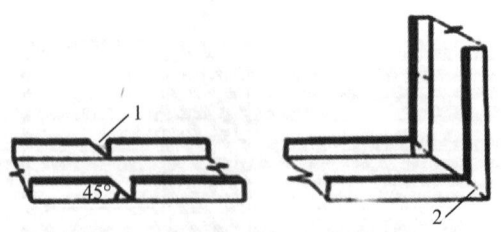

图 5-3-9 线槽作 90°外弯曲制作　　　　图 5-3-10 线槽作 90°内弯曲制作

1—沿虚线剪掉；2—剪开弯曲；3—搭接铆固　　1—剪缺口；2—槽侧斜边向外铆接

引导问题 16：参照前述线槽制作方式，自己绘制出线槽终端封堵的制作方法示意图，并标出尺寸。

引导问题 17：金属线槽安装敷设完毕后，需要与室内配电箱进行连接和引线，图 5-3-11 中有 4 种连接引线方式，请在图中空白框内填写配件名称，以加深理解。

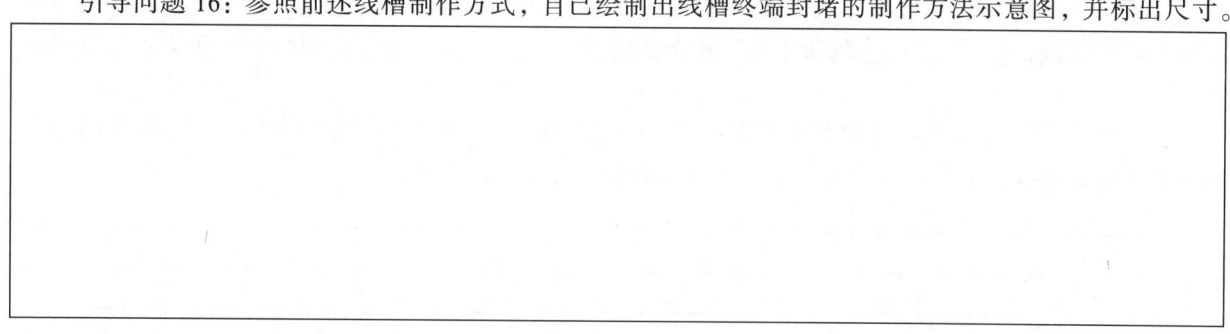

图 5-3-11　线槽与配电箱连接

在层高较低的场所，可将线槽固定在顶棚及梁上，导线敷设时，应在线槽内适当位置使用衬板或防火木杆承托导线，如图 5-3-12 所示。

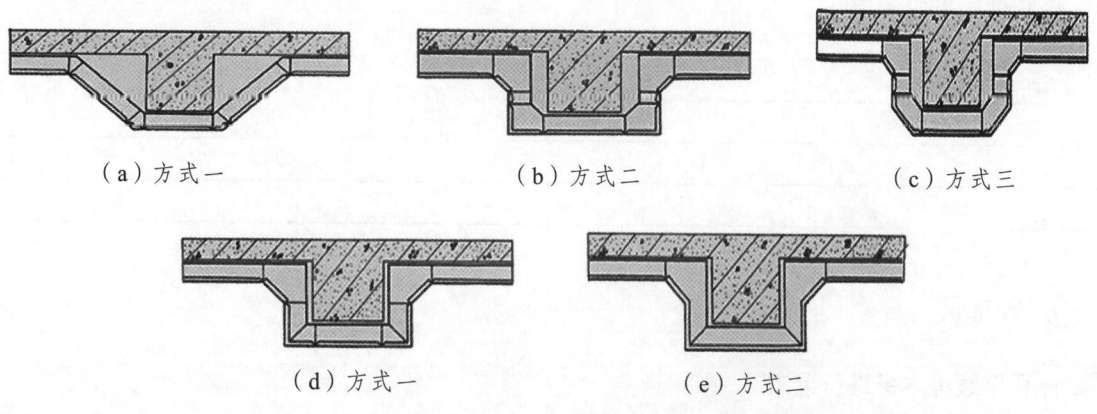

图 5-3-12　层高不足处线槽固定

管线敷设

引导问题 18：根据《民用建筑电气设计规范》（JGJ 16—2008）相关规定，金属线槽布线宜用于_____环境的场所明敷，_____场所不宜采用金属线槽。_____金属线槽可在建筑物顶棚内敷设。

引导问题 19：在电气设计规范中规定：同一配电回路的所有相导体和中性导体，应敷设在同一金属线槽（或金属线管）内，为什么？如果不这样敷设，会有什么后果？

_____
_____
_____
_____

引导问题 20：有电磁兼容要求的线路与其他线路敷设与同一金属线槽内时，应用_____隔离，或采用屏蔽电缆、电线。如图 5-3-13 所示。

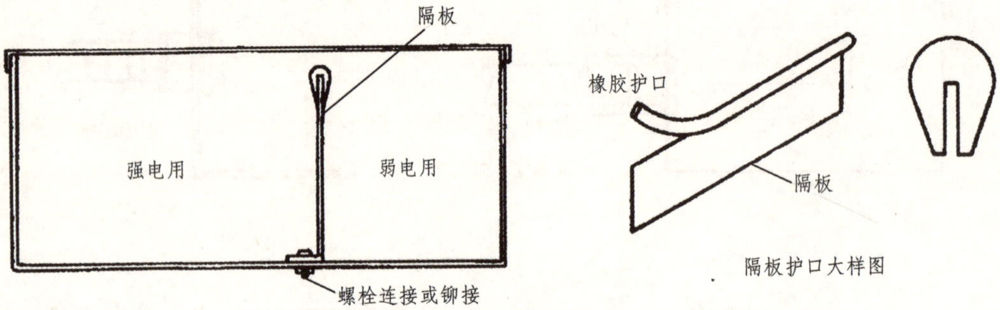

图 5-3-13　线槽内的隔离

引导问题 21：电线或电缆在金属线槽内是否能够接头？为什么？当在线槽内必须有分支时，分支接头应设在何处？

_____
_____
_____
_____

引导问题 22：金属线槽垂直或大于 45°倾斜敷设时，应采取措施防止电线或电缆在线槽内滑动，请说出有哪些措施可以采用？

_____
_____
_____

📖 小知识

如何利用线槽本身进行分支

三通或四通接线盒在线槽布线施工中起分支线槽和驳接电线接头盒作用。这里将介绍当需要将线槽作"T"形分支或"十字"分支时，即需要使用三通或四通接线盒时，如何利用线槽本身进行分支。

线槽作"T"形分支连接时的方法如下：

第一步：在被分支的线槽上，按分支线槽宽度划线，再沿线剪开，将被剪开的那两块铁片沿根部弯成直角，作为线槽分支连接待用。

第二步：按被分支线槽宽度的1/2~2/3，在分支线槽端部划线，沿线将其剪成"凸"形端头。

第三步：将分支线槽"凸"形端头插入被分支线槽的剪开口中，使其相互搭接，用铆钉固定而成。

第四步：制作分支线槽盖制，在被分支线槽盖侧边的一面，按分支槽盖的宽度尺寸剪一口子。而分支槽盖的端头则剪去稍短的盖侧边，制成"凸"形端头。

在盖线槽盖时，应使线槽驳接口与槽盖接口相互错位，避免两接口重叠在一起，这样可提高整条线槽的刚性。

引导问题23：电缆桥架一般分为____、____、____和____几种。槽式做得较小时，常称为线槽。表面有镀锌、喷涂塑料和喷漆等。桥架是一种托敷电缆的支持件，安装较简单，维修改造方便。

桥架由直线段（1~4 m）、____、____、____、支架、吊架、引上引下装置和连接片组成。如图5-3-14所示，请在图中标出其名称。

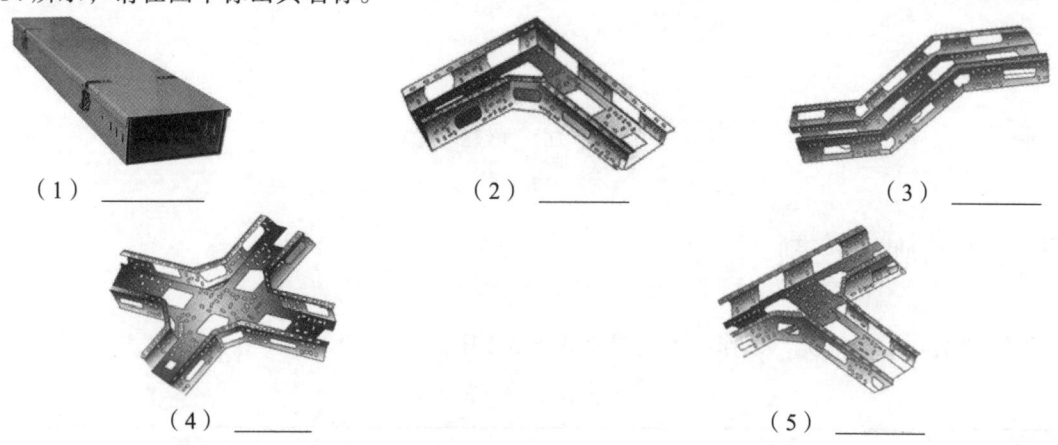

（1）____　　　　（2）____　　　　（3）____

（4）____　　　　（5）____

图 5-3-14　桥架构件

引导问题24：图5-3-15是托盘式电缆桥架安装结构示意图，请在横线上标注各配件的名称。

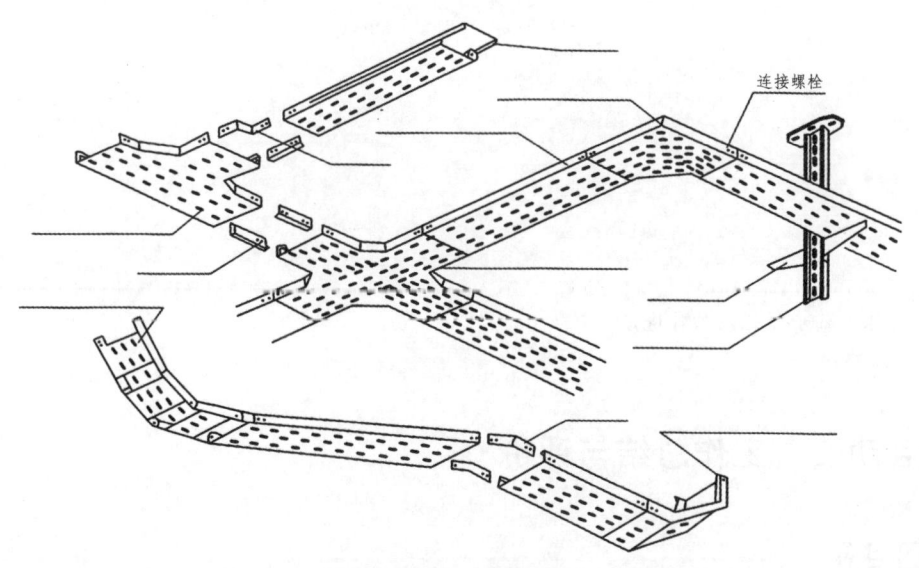

图 5-3-15　托盘式桥架

图5-3-16是梯级式电缆桥架安装结构示意图，请在横线上标注各配件的名称。

管 线 敷 设

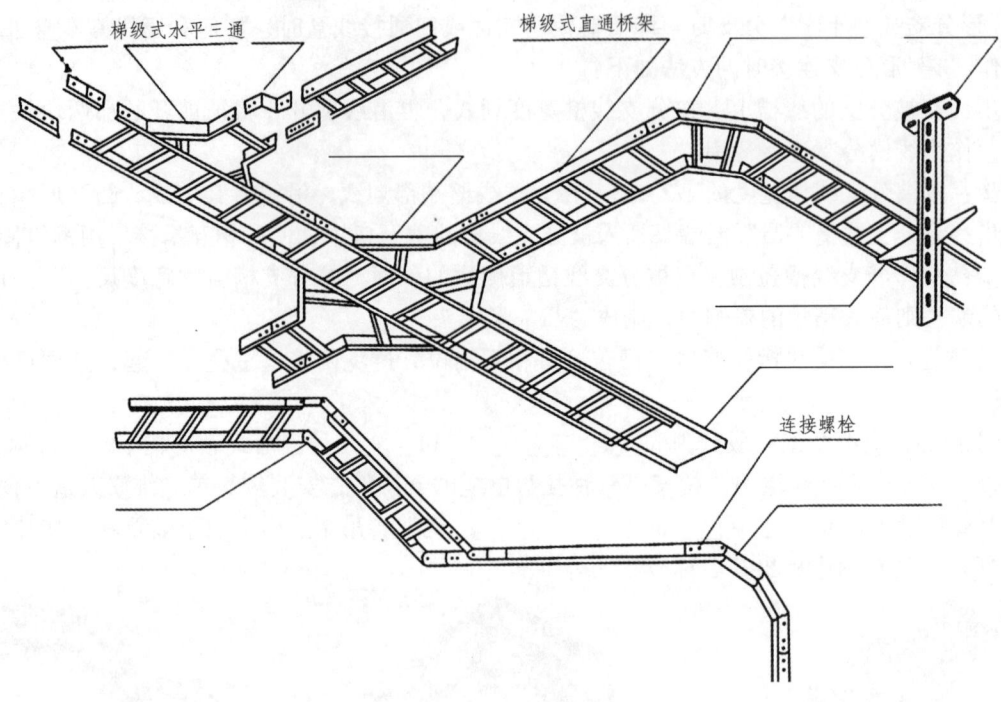

图 5-3-16 梯级式桥架

三、现场施工控制

施工时把实际工作情况，工作进度记录在表 5-3-1 中。

表 5-3-1 施工进度表

施工项目	
施工班组	

注：请按实际工作情况记录工作进度。

学习活动四　工作总结与评价

学习目标

（1）能按施工规范验收。

(2)能撰写工作总结。
(3)能进行成果展示。
(4)能根据过程考核标准进行总结与评价。

建议学时

4学时。

学习过程

一、工程质量验收

你已经按照线槽敷设的国家标准和施工规范,完成了镀锌线槽的敷设,下面请按照施工任务单(见表5-4-1),完成工程验收。

引导问题1:镀锌线槽敷设质量控制要点有哪些?应注意哪些质量问题?
_____
_____

引导问题2:请同学们查阅规范要求,根据本次施工任务制订验收项目及验收标准,完成表5-4-1。
_____
_____

表5-4-1 施工质量验收单

施工项目						
施工日期				施工班组		
序号	验收项目	配分	评分标准	得分	备注	验收人签名
1						
2						
3						
4						
5						
6						
得分合计						
验收小组成员会签: 年 月 日						
验收复核签名: 年 月 日						

本次学习任务分配说明：
（1）施工质量验收 60 分，由验收小组进行验收评分，老师复核。
（2）小组提交资料 20 分，由老师根据小组完成资料情况评分。
（3）个人表现 20 分，由老师根据任务实施过程个人表现评分。

二、总结与评价

1. 制作完成本工作过程的 PPT 文件，并写出展示演讲的内容大纲。

2. 在本次学习任务的学习过程中，你参与了哪些工作？

3. 针对本学习任务实施过程中的自己和小组其他成员的表现进行简要评价。

三、总结汇报及学习评价

各组推荐 1~2 名成员进行总结汇报，并简要说明学习过程中的经验和体会。观看他人汇报后，将他人总结和汇报过程中值得学习的地方和需要改进的地方用表 5-4-2 记录下来。学习完成后按表 5-4-3 和表 5-4-4 进行评价。

表 5-4-2 ＿＿＿＿＿＿＿＿总结汇报

汇报人	值得学习的地方	还需要改进的地方
与其他小组相比，你所在的小组所做的展示有哪些优势和不足？		

表 5-4-3　"镀锌线槽敷设"综合评价

评价项目	评价内容	评价标准	评价方式		
			自我评价	小组评价	教师评价
职业素养	安全意识 责任意识	A 作风严谨、自觉遵章守纪、出色地完成工作任务； B 能够遵守规章制度、较好地完成工作任务； C 遵守规章制度、没完成工作任务或虽完成工作任务但未严格遵守规章制度； D 不遵守规章制度、没完成工作任务			
	学习态度	A 积极参与教学活动，全勤； B 缺勤达本任务总学时的10%； C 缺勤达本任务总学时的20%； D 缺勤达本任务总学时的30%			
	团队合作意识	A 与同学协作融洽，团结合作意识强； B 与同学能沟通，协同工作能力较强； C 与同学能沟通，协同工作能力一般； D 与同学沟通困难，协同工作能力较差			
专业能力	活动一： 勘查现场	A 按时、高质量完成调研及工作页，积极参与课堂活动，表现突出； B 按时、较好地完成工作页，积极参与课堂活动； C 没按时完成工作页，不积极参与课堂活动； D 未完成工作页，不参与课堂活动			
	活动二： 施工前准备	A 按时、完整地完成工作页，问题回答正确； B 按时、完整地完成工作页，问题回答基本正确； C 未能按时完成工作页，或内容遗漏、错误较多； D 未完成工作页			
	活动三： 现场施工	A 学习活动成绩为 90~100 分； B 学习活动成绩为 75~89 分； C 学习活动成绩为 60~74 分； D 学习活动成绩为 0~59 分			
	活动四： 总结与评价	A 学习活动成绩为 90~100 分； B 学习活动成绩为 75~89 分； C 学习活动成绩为 60~74 分； D 学习活动成绩为 0~59 分			
创新能力		学习过程中提出具有创新性、可行性的建议	加分奖励：		
学生姓名			综合评价等级		
指导教师			日　　期		

管 线 敷 设

表 5-4-4 学习任务过程评价表

学习任务名称：_____

班级：_____ 组别：_____ 姓名：_____ 学号：_____

项目	评价内容	每次课评价	活动总评
职业素养评价项目（老师与观察员评价）	不迟到、不早退、仪容仪表、工衣、工牌 评价方法：全部合格为 A，一个不合格为 B，两个不合格为 C，三个不合格为 D		
	资讯（获取有效的信息）：网络、书籍、产品资料、老师、同学、相关规范及标准、其他 评价方法：两种渠道以上的为 A，两种渠道的为 B，一种渠道的为 C，无为 D。		
	团队合作意识：与同学合作交流、听取同学意见、表达自己的观念、协助制订工作计划、无独自一人发呆走神现象、无抵触或不参与、协调小组成员、参与小组讨论 评价方法：全部合格为 A，一个不合格为 B，两个不合格为 C，三个及三个以上不合格为 D		
	7S 管理意识：学习区、施工区、资讯区、仓储区 评价方法：全部合格为 A，一个不合格为 B，两个不合格为 C，三个不合格为 D		
职业能力评价项目（老师与组长评价）	当次项目工作页完成情况 评价方法：抽查引导问题，第一次成功为 A，第二次成功为 B，第三次成功为 C，第四次及以上成功的为 D		
	成果 1：_____		
	成果 2：_____		
	成果 3：_____		
	成果 4：_____		
职业能力评价项目（老师与组长评价）	学习成果评价方法： 　小组抽查形式：第一次成功为 A，第二次成功为 B，第三次成功为 C，第四次及以上成功的为 D。 　个人考核形式：当次学习活动成绩 90~100 分为 A；75~89 分为 B；60~74 分为 C；0~59 分为 D		
加分项目	1. 课堂积极发言一次加 1 分； 2. 上讲台总结发言一次加 2 分； 3. 成功组织策划课件活动一次加 3 分		
加分及扣分说明			

续表

学习情况描述	学习活动一	安排的工作任务：	日期：
		实际工作内容：	评价人：
		完成情况：	
	学习活动二	安排的工作任务：	日期：
		实际工作内容：	评价人：
		完成情况：	
	学习活动三	安排的工作任务：	日期：
		实际工作内容：	评价人：
		完成情况：	
教师评价			总评成绩：

学习任务六　办公室配电线缆敷设与测试

【学习目标】

(1) 能按照施工文件,标注施工位置(识图)。
(2) 经过小组讨论,能制订施工计划,完成施工任务分配。
(3) 能按照施工文件,完成办公室配电线缆敷设。
(4) 能实施配电线缆标志、接续及端接。
(5) 能借助资料讲述电路、电压、电流、电阻的相关概念。
(6) 能完成配电线缆的通断测试。
(7) 能根据施工标准,进行配电线缆绝缘测试。
(8) 能根据完成的工作内容进行质量反馈与评价。
(9) 能执行现场7S的工作管理。

【建议学时】

36学时。

【任务描述】

某公司新建10间行政办公室,室内PVC线管已敷设完毕,现委派电工班完成配电线缆的敷设。要求在5天内完成空调、风扇、照明等室内照明配电线缆的安装、敷设以及完成配电线缆测试并交付验收。

【工作流程与内容】

(1) 明确配电线缆敷设与测试任务和勘查现场。
(2) 配电线缆敷设与测试——施工前准备。
(3) 配电线缆敷设与测试——现场施工。
(4) 工作总结与评价。

学习活动一 明确配电线缆敷设与测试任务和勘查现场

学习目标

（1）据工作联系任务单，明确工时、工作内容等要求。
（2）能描述配电线缆敷设的工序。
（3）根据施工图纸，勘查施工现场，描述现场特征，获得必要的资料、数据。
（4）正确识读施工图。

建议学时

4学时。

学习过程

一、明确工作任务

阅读表6-1-1所示的任务单，说出本次任务的工作内容、时间要求等基本信息，并根据实际情况，模拟工作场景，补充表中的相关内容。

表6-1-1 工作任务联系单

流水号：__005__					
类别：水□ 电□ 暖□ 土建□ 其他□ 日期： 年 月 日					
施工地点					
施工项目					
客户具体要求（工作内容）					
申报时间	年 月 日		完工时间	年 月 日	
申 报 人			安 装 人		
验收意见			验 收 人		
			联系电话		
项目负责人			安装组负责人		

二、勘查施工现场，描述现场特征

（1）勘查现场时，按照本任务工作的内容和要求，应记录哪些要点信息？

（2）查阅相关资料，完成"配电线缆施工技术交底"文件的编写。

三、识读施工图纸

引导问题 1：在图 6-1-1 中，进户线标注的含义是什么？

_____
_____

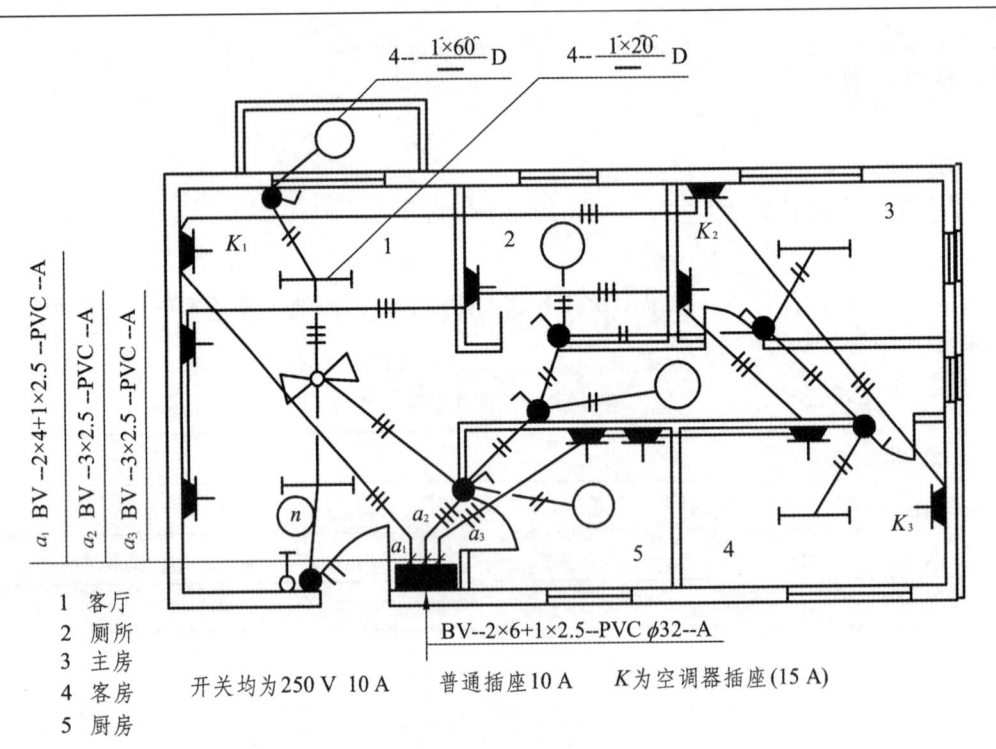

图 6-1-1　施工图

引导问题 2：在图 6-1-1 中，a_1 支路自配电箱中引出，管内穿线 5 根，分别是哪些导线？图中 ⓝ 的根数为多少？分别是哪些导线？

_____
_____
_____

引导问题 3：通过勘查施工现场，请在图 6-1-2 所示施工平面图中标注出各导线管内穿放导线的根数及导线规格。（可配简单文字说明）

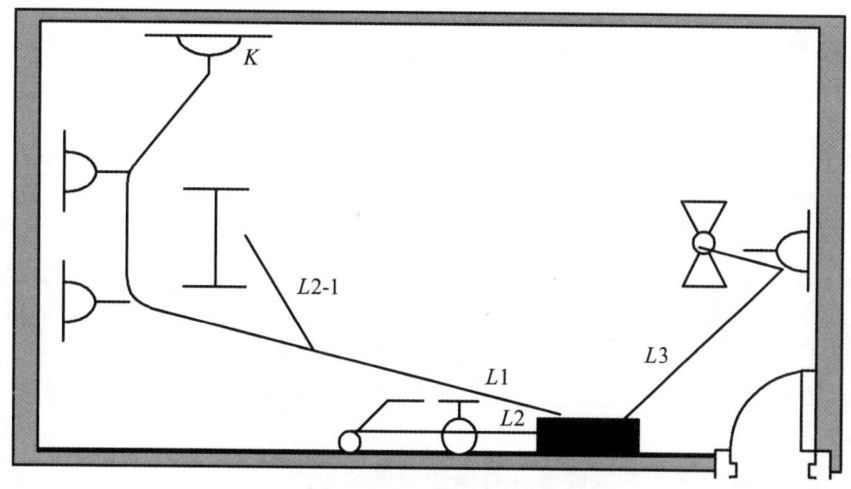

图 6-1-2　办公室照明配电平面图

图 6-1-2 中，L1 管路内分别有哪些导线？

L2 管路内分别有哪些导线？

L3 管路内分别有哪些导线？

L2-1 管路内分别有哪些导线？

引导问题 4：查询资料，结合现场实际，描述办公室配电线缆敷设的施工流程。

学习活动二　配电线缆敷设与测试——施工前的准备

学习目标

（1）能正确识别相关配电缆的种类、规格。
（2）能根借助有关资料，描述电压、电流和电阻的概念及相互间的关系。
（3）能绘制或写出相关电气元件图形或文字符号。
（4）能根据任务要求和施工图纸，列举所需工具和材料。
（5）能根据施工图纸，勘查施工现场后，制订工作计划。

建议学时

10 学时。

管线敷设

学习过程

一、认识配电线缆

引导问题1：办公室配电线路一般使用哪些线缆？
_____

引导问题2：BV线简称塑铜线，全名为_____。BV是BTV的缩写，B代表类别，为_____，T代表导体，为_____，V代表绝缘，为_____。

引导问题3：RVV线简称_____，R代表类别，为_____，V代表导体，为_____，V代表绝缘，为_____。

引导问题4：BV、RVV这两种线缆各自有哪些用途及特点？
BV：

RVV：

引导问题5：请查询相关资料，写出常用BV线径，_____mm²，_____mm²，_____mm²，_____mm²，_____mm²，_____mm²，10 mm²，16 mm²，_____mm²，_____mm²，50 mm²，70 mm²、95 mm²、120 mm²、150 mm²、185 mm²、240 mm²等。

引导问题6：查询资料，写出以下电线电缆的载流量：
2.5 mm²铜电源线的安全载流量_____A；4 mm²铜电源线的安全载流量_____A；
6 mm²铜电源线的安全载流量_____A；10 mm²铜电源线的安全载流量_____A；
16 mm²铜电源线的安全载流量_____A；25 mm²铜电源线的安全载流量_____A。

小提示

导线的截面面积所能正常通过的电流可根据其所需要导通的电流总数进行选择，一般可按照如下顺口溜进行确定：

十下五，百上二，二五三五四三界，柒拾玖五两倍半，铜线升级算。

引导问题7：请解释上面的口诀：_____
_____
_____

二、电压、电流、电阻及电路

引导问题8：根据图6-2-1（a）所示的电路原理图，将图6-2-1（b）中的元器件用导线连接，构成电路。

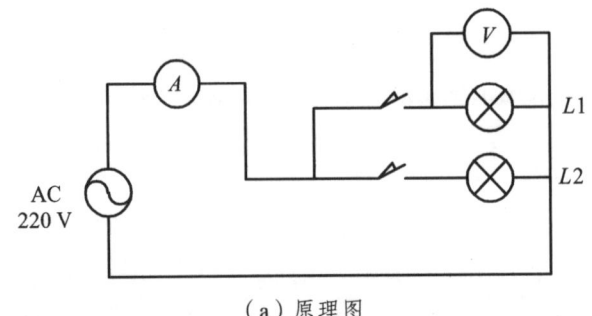

（a）原理图

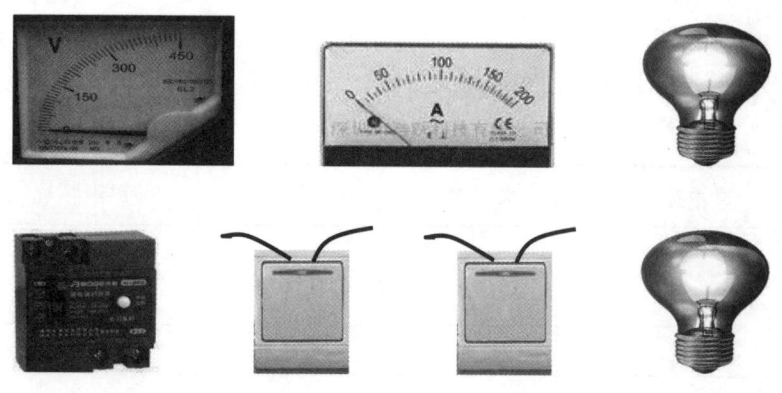

（b）元器件

图 6-2-1　利用原理图连接元器件

引导问题 9：图 6-2-1 中，$L1$、$L2$ 功率相同，流过两个灯泡的电流是否相同？$L1$ 灯泡两端的电压为_____V；$L2$ 灯泡两端的电压为_____V。

引导问题 10：日光灯常见有传统镇流器和电子镇流器两种，查询相关资料，画出日光灯电路原理图，并在图 6-2-2 所示的实物图中连线。

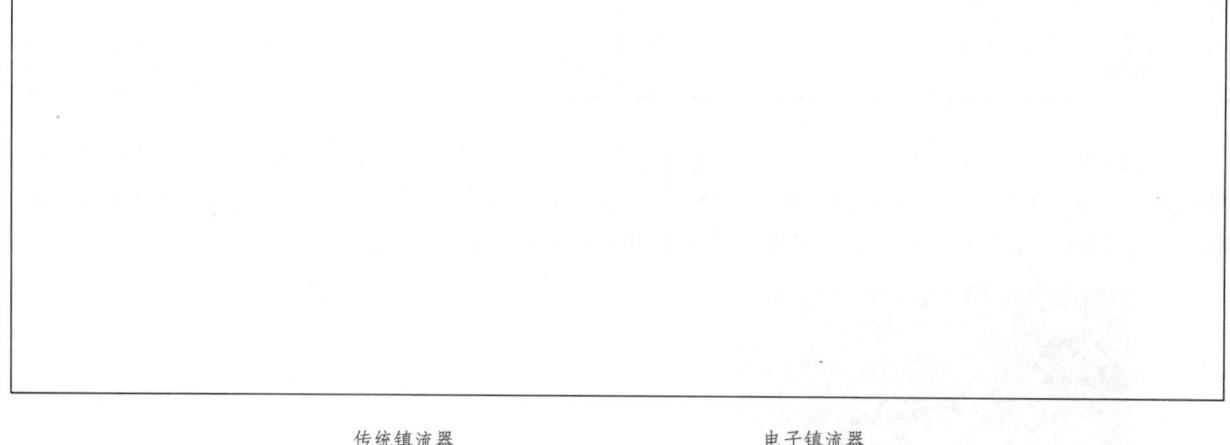

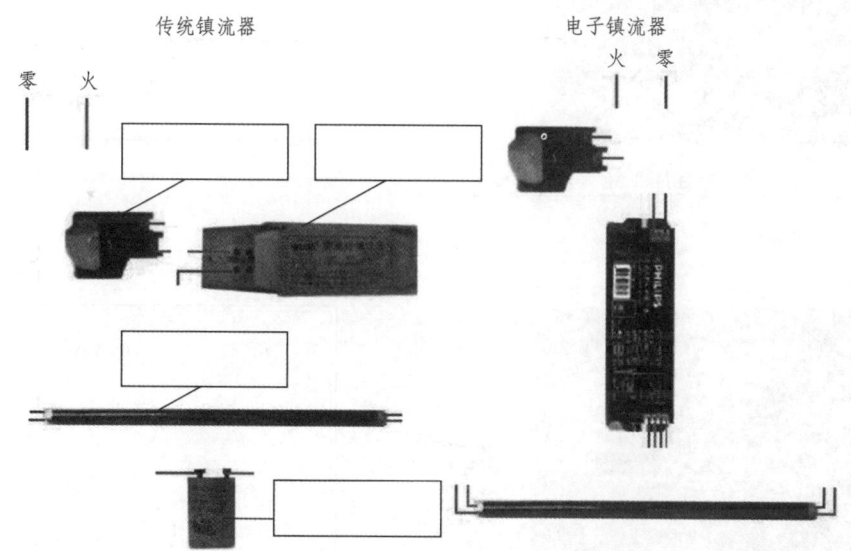

图 6-2-2　日光灯照明电路

引导问题 11：在日光灯接线图中，开关应装在（　　　　）。

A 相（火）线　　　　B 工作零线　　　　C 保护零线　　　　D 相线或工作零线

管 线 敷 设

引导问题 12：电路可以用实物图表示，也可以用电路原理图表示，为了绘图方便，通常采用国家统一规定的图形符号来绘制电路图，请查阅相关资料，完成表 6-2-1 的填写。

表 6-2-1 常用电气元件符号

名称	图形符号	文字符号	名称	图形符号	文字符号
开关	─/─	S	熔断器		
电池			指示灯		
电阻			电流表		
电位器			电压表		
电容			电压源		
电感、线圈			电流源		
铁心线圈			连接导线		
扬声器			不连接导线		
二极管			接地		
三极管			接机壳		

引导问题 13：电路的状态通常有三种，分别是通路、断路、短路，请结合图 6-2-3，查询相关资料，画出实相关电路原理图，并对三种状态进行解释。（图中电源内阻假设为 0.2Ω，灯泡电阻为 9.8 Ω，电池电压为 1.5 V，请计算三种状态下电路中流过的电流和电池两端的电压。）

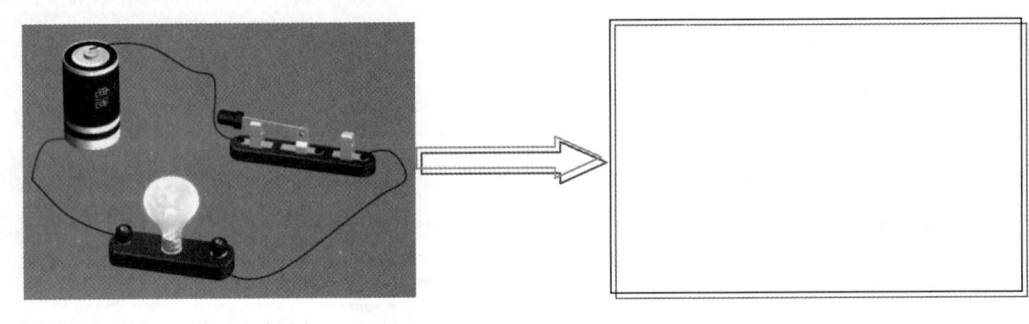

电流=_____，电压=_____

解释：

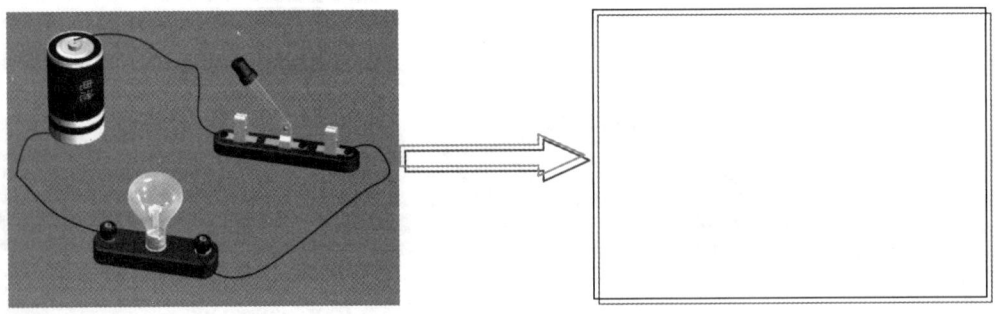

电流=_____，电压=_____

解释：

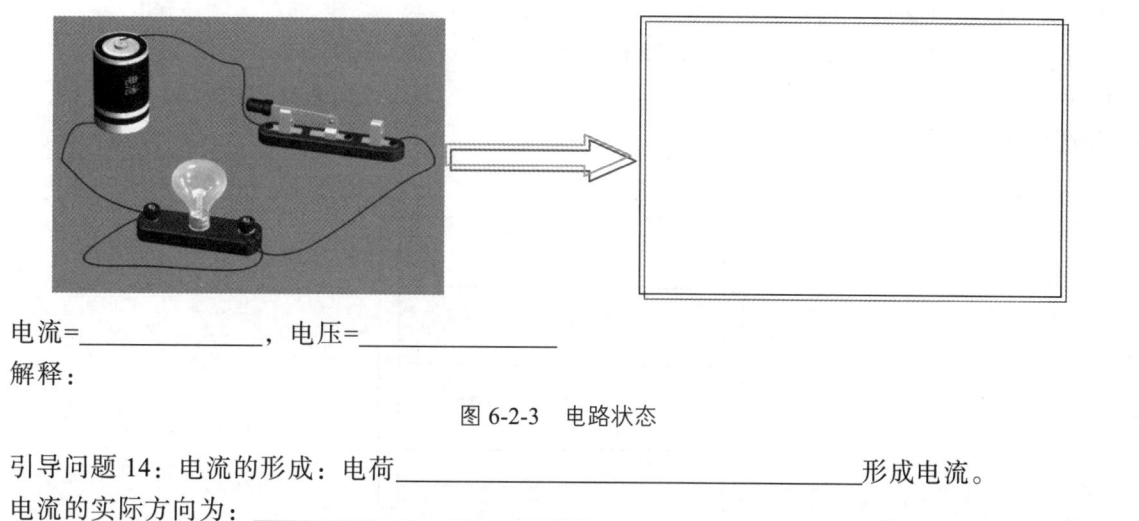

电流=_____，电压=_____
解释：

图 6-2-3　电路状态

引导问题 14：电流的形成：电荷_____形成电流。
电流的实际方向为：_____
_____。

任意假设的电流方向称为电流的参考方向，如果求出的电流值为正，说明参考方向与实际方向一致，否则说明参考方向与实际方向相反（见图 6-2-4）。

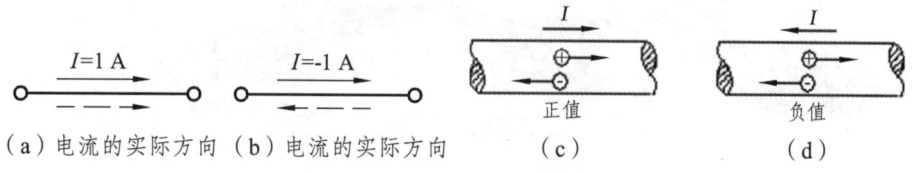

（a）电流的实际方向　（b）电流的实际方向　　（c）　　　　　　（d）

图 6-2-4　电流方向

用单位时间内通过导体横截面的电量来表示电流的大小，以字母 I 表示。电量的单位是_____，时间的单位是_____，那么电流的单位是_____，公式为 $I=\dfrac{q}{t}$。电流常用的单位符号还有 kA、mA、μA，其换算关系是：1 kA=_____A，1 A=_____mA，1 mA=_____μA，某导体在 5 min 内均匀通过的电荷量为 4.5 C，求导体中的电流是多少 mA？

引导问题 15：根据电流的方向是否变化来分，可把电流分为直流电和交流电两大类，直流电可分为稳恒直流电和脉动直流电两类，交流电可分为正弦交流电和非正弦交流电。查询资料，填写表 6-2-2。

表 6-2-2　电流分类表

电流分类	符　号	名　称	特　征	波　形
	DC	稳恒直流电		
		脉动直流电		
	AC	正弦交流电		
		非正弦交流电		

引导问题 16：实际工作中，经常会遇见如何选择导线粗细的问题，这就涉及电流密度的概念。流过导体单位截面面积上的电流称为电流密度，用符号 J 表示，计算公式为 $J=\dfrac{I}{S}$。

式中，电流 I 的单位为 A，导体截面面积 S 单位为 mm^2，电流密度 J 的单位为 A/mm^2。

某单位需安装一台立式空调，空调额定电流为 15 A，应该选择多粗的铜导线？（铜导线的允许电流密度取为 6 A/mm^2）

引导问题 17：测量电流时必须把电流表串联在电路中，同时要选择好电流表的量程（测量范围），使其大于实际电流的数值。测量直流电流时，还必须使电流从_____流入，_____流出。

引导问题18：电场力把单位正电荷从图6-2-5所示的电场中 a 点移动到 b 点所做的功称为 a、b 两点的电压，用 U_{ab} 表示。电压的单位为_____，用符号_____表示。如图6-2-6所示，电压的形式与水压的形成类似。

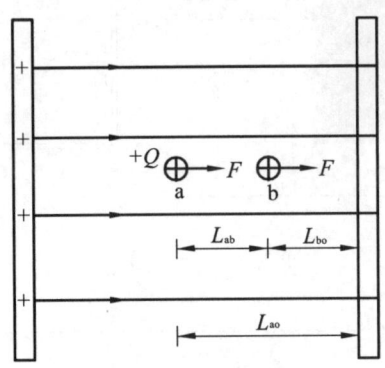

图 6-2-5 电压的形成

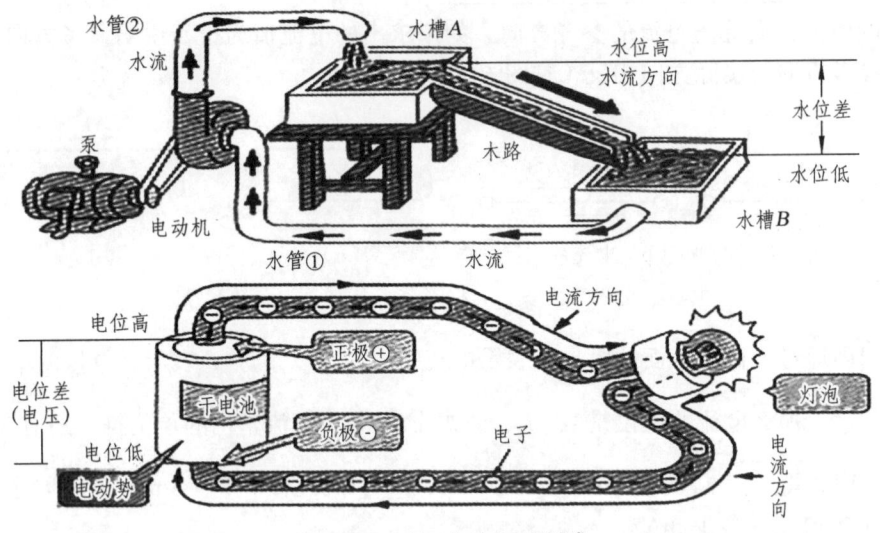

图 6-2-6 电压与水压的形成

我们规定：电场力把 1 C 电量的正电荷从 a 点移到 b 点，如果所做的功为 1 J，那么 a、b 两点间的电压就是 1 V。

电压常用的单位符号还有 kV、mV、μV，其换算关系是：1 kV=____V，1 V=____mV，1 mV=____μV。

电压的参考方向表示方法：

第一种表示是用箭头表示。箭头由假定的高电位指向低电位，如图6-2-7所示。

第二种表示是用双下标字母表示。如 U_{ab}，前一个下标字母 a 表示假定的____（高、低）电位，后一个字母 b 表示假定的____（高、低）电位。

测量电压时必须把电压表并联在被测电路中，同时要选择好电压表的量程（测量范围），使其大于实际电压的数值。

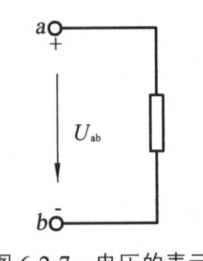

图 6-2-7 电压的表示

三、制订工作计划

查阅相关资料，了解任务实施的基本步骤，根据任务要求，结合现场勘查的实际情况，制订小组工作计划（见表6-2-3）。

表 6-2-3 "配电线缆敷设"工作计划

一、人员分工

1. 小组负责人：＿＿＿＿＿＿＿＿

2. 小组成员及分工

姓　名	分　工

二、工具及材料清单

序号	工具或材料名称	型号及规格	单位	数量	在施工中的作用

三、工序及工期安排

序号	工作内容	完成时间	责任人	备注

四、安全防护措施

管线敷设

学习活动三　配电线缆敷设与测试——现场施工

🔍 学习目标

（1）能按照作业规程应用必要的标志和隔离措施，准备现场工作环境。
（2）能按图纸、工艺要求、安装规程要求，进行线缆敷设施工。
（3）施工后，能按施工任务书的要求对线路进行检查和调试，正确标注有关控制功能的铭牌标签。
（4）按电工作业规程，作业完毕后能清点工具、人员，收集剩余材料，清理工程垃圾，拆除防护措施。

📝 建议学时

18学时。

🎓 学习过程

一、管路清扫和管内穿线

引导问题1：简单叙述配电线路管内穿线的方法。

_____

_____

引导问题2：在老师指导下，完成线缆质量的检查，并填写表6-3-1。

表6-3-1　检查记录表

材料、构配件进场检验记录 表C4-1					编号		
工程名称					检验日期		年　月　日
序号	名称	规格型号	进场数量	生产地址 合格证号	检验项目	检验结果	备注
1	相线						
2	零线						
3	接地线						
4	开关						
5	插座						
6	日光灯						
检验结论：（从材质、规格型号、数量等方面检验是否符合设计要求及规范规定，产品质量证明文件是否齐全有效。）							
签字栏	建设（监理）单位	施工单位					
		专业质检员		专业工长		检验员	

注：本表由施工单位填写并保存。

清扫管路：配管完毕后，在穿线之前，必须对所有的管路进行清扫。清扫管路的目的是。_____
_____

具体方法为_____

引导问题3：工作零线与保护零线的符号各是什么？二者有什么区别？_____
_____

引导问题4：管内穿线时，为减少导线与管壁的阻力，可以在管内吹入云母粉或滑石粉，但不能使用油脂或石墨粉，为什么？_____
_____

二、导线连接

引导问题5：导线连接的基本要求有哪些？
_____
_____

引导问题6：图6-3-1是单股导线一字连接示意图，用你自己的语言对图片做出描述。

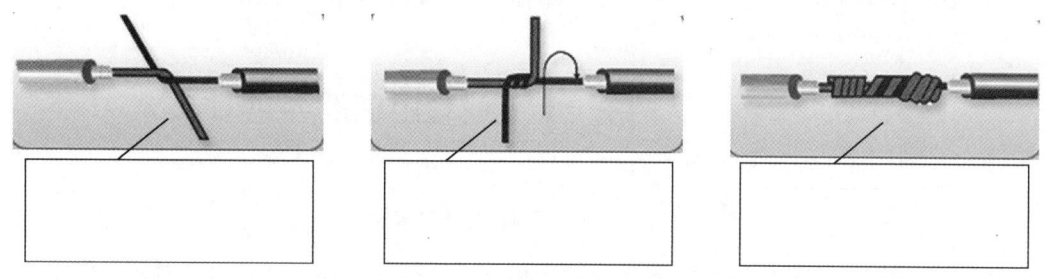

图6-3-1 单股导线一字连接

引导问题7：图6-3-2是单股导线T形连接，用你自己的语言对图片做出描述。

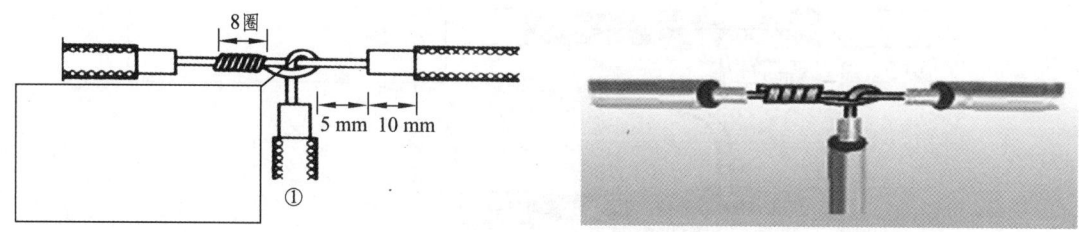

图6-3-2 单股导线T形连接

引导问题8：图6-3-3是双股导线对接，用你自己的语言对图片做出描述。

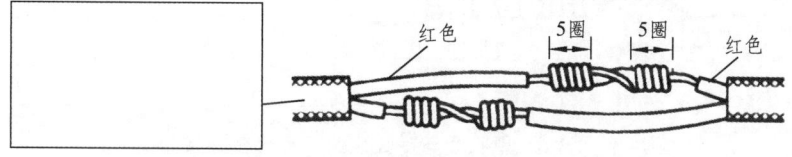

图6-3-3 双股导线对接

引导问题9：图6-3-4是多股铜芯导线（7股铜芯线为例）直线连接，请仔细观察，对图片进行排序。

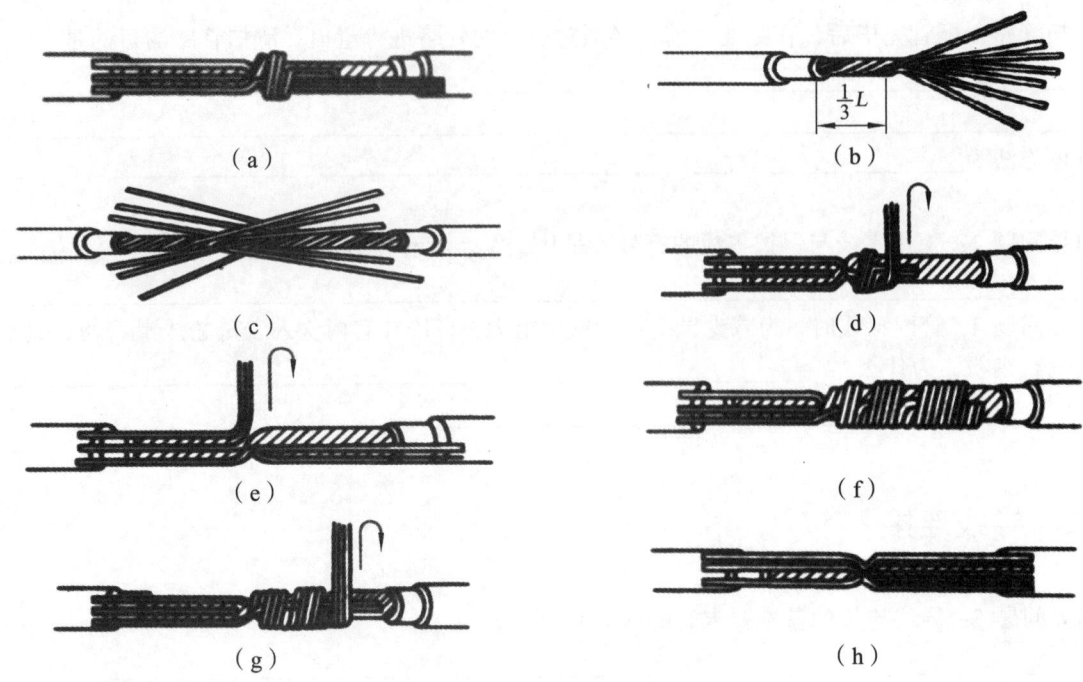

图 6-3-4　多股铜芯导线直接连接

正确的排列顺序为：_____

引导问题 10：图 6-3-5 是不等径导线对接，用你自己的语言对图片做出描述。

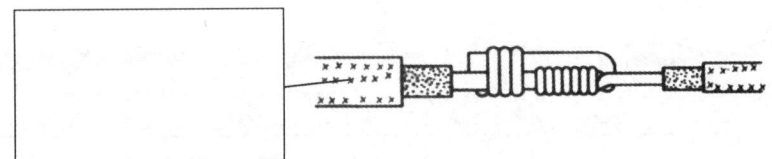

图 6-3-5　不等径导线对接

引导问题 11：图 6-3-6 是单股线与多股线的 T 形分支连接，用你自己的语言对图片做出描述。

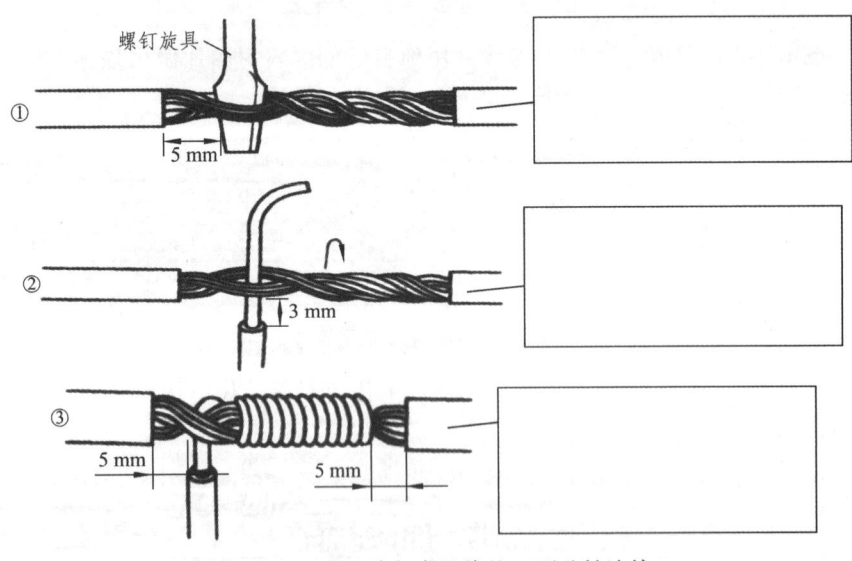

图 6-3-6　单股线与多股线的 T 形分枝连接

引导问题 12：图 6-3-7 是压接圈（俗称羊眼圈）和瓦形接线桩的做法示意图。单股芯线与平压式接线桩的连接采用_____形式；线头与瓦形接线桩的连接采用_____形式。

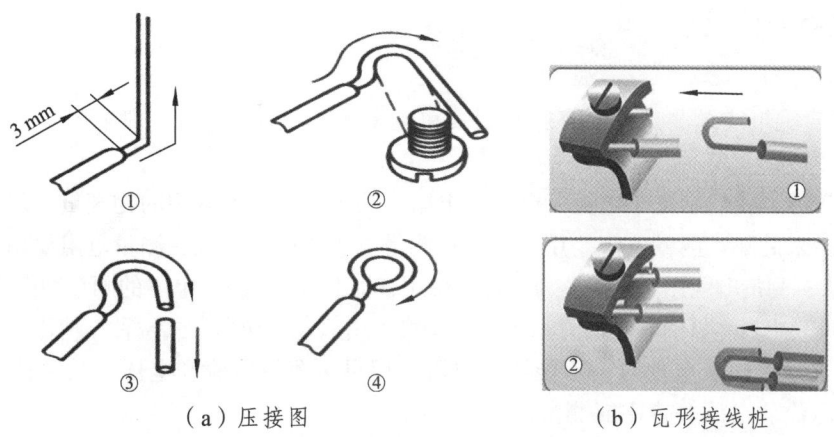

（a）压接图　　　　　　（b）瓦形接线桩

图 6-3-7　压接圈和瓦形接线接

三、线头绝缘恢复

引导问题 13：在恢复导线绝缘中，常用的绝缘材料有：_____等，一般绝缘带宽度为 10~20 mm 较合适。其中，电气胶带因颜色有红、绿、黄、黑，又称相色带（见图 6-3-8）。

图 6-3-8　电气胶带

引导问题 14：简述绝缘带的包缠方法（见图 6-3-9）。

_____

_____

图 6-3-9　绝缘带包缠

四、配电线缆测试

引导问题 15：配电线缆测试主要有通断测试和绝缘测试，通断测试一般采用_____表，绝缘测试采用_____表。

通过前面的学习，我们知道了电流、电压、电阻、功率、电能等常用的物理量，那么这些物理量的数值是怎么测量出来的呢？测量电流要用电流表；测量电压要用电压表；测量电阻要用欧姆表、摇表；测量功率用功率表；测量电能用电度表。为了方便使用，将电压、电流、电阻的测量功能集成为一个仪表，称作万用表，也叫三用表。目前常见的万用表有指针式（模拟式）和数字式两种，使用上各有优缺点。

指针式万用表没有内装电池时，不能测量电阻，但可以测量电流和电压，数字式万用表没有内装电池时，电阻、电流、电压等皆不能测量。

引导问题 16：图 6-3-10 是普及率比较高的 MF-47 型指针万用表，请查询资料写出各部件的名称。

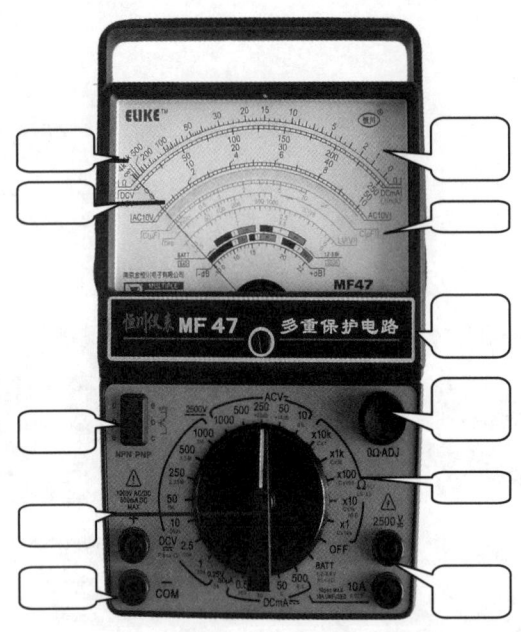

图 6-3-10　MF-47 型万用表

1. 安装电池

万用表在使用前，需要安装电池，否则无法使用其中的电阻挡位（但仍能测量电压和电流），翻转万用表的背面，可以看见电池盖，用起子拆下电池盖，把两种不同的电池安装上去（见图 6-3-11）。

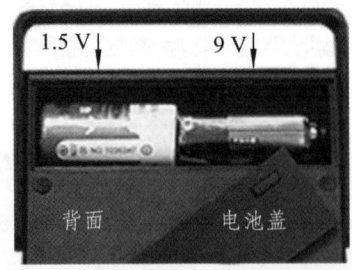

图 6-3-11　电池安装

引导问题 17：其中 9 V 高压电池用于 <u>10K</u> 挡测量高阻值，如果不装 9 V 电池仅是 <u>10K 欧姆</u>挡不能使用，其中 1.5 V 电池必须安装。

2. 机械调零

万用表在出厂时一般已经完成了机械调零，但是在运输、携带、撞击等情况下，指针有可能位置偏移，发生这种情况就要进行"调零"，把指针调回到最左边的"0"刻度位置。机械调零的方法是在万用表刻度盘的正下方有一个小螺钉状旋钮，用起子旋转这个调零旋钮即可使指针回零，如图 6-3-12 所示：

图 6-3-12　机械调零

引导问题 18：在待用状态下万用表的指针刚好指着_____位置。

3. 安装测试表笔

万用表有两根测试表笔，一根红色一根黑色，分别插到万用表的相应插孔中，不能插错，如图 6-3-13 所示。

引导问题 19：红色表笔插在_____插孔，黑色表笔插在_____插孔。

图 6-3-13　表笔插孔

4. 项目和量程

MF-47 型万用表的项目和量程选择开关如图 6-3-14 所示。由图中可见，测量项目主要有 4 个，即能测量 4 种不同的物理量。

图 6-3-14　选择开关

引导问题 20：测量交流电压：在面板上用_____表示（大约 12 点钟的位置），量程总共有 5 个，分别为_____，意味着最大能测量交流电压_____，如果需要测量 1 000 V～2 500 V 的高压，可以将红色表笔插到万用表的"2 500 V"插孔。该型号万用表严禁直接测量 2 500 V 以上电压。此外，交流 10 V 挡兼做测量分贝值的挡位。

引导问题 21：测量直流电压。在面板上用_____表示（约 9 点钟的位置），总共有 8 个量程级别分别是_____、_____。

引导问题 22：测量电阻。在面板上用_____表示（约 3 点钟位置），总共有 5 个量程_____、_____，考虑到读数刻度盘的精度，一般只能测试 2 MΩ 以下电阻，如果需要测量更高阻引导问题 23：测量直流电流。在面板上用_____表示（约 6 点钟的位置），总共有 5 个量程，分别是_____，意味着最大能测量直流电流_____A，如果需要测量 500 mA ~ 5 A 的大电流，可以将红色表笔插到万用表的"5A"插孔。该型号万用表严禁直接测量 5 A 以上电流。

引导问题 24：测量电压、电流时，若无法估计被测值的大小，则量程应选择_____挡。

引导问题 25：如图 6-3-15 所示，测试的物理量是_____；仪表所选挡位：_____；仪表读数：_____；其测试值是_____。[读数方法是：因为选择 2.5 V 挡，所以看满刻度为 250 的行，可见指着 150 处，由于实际的满刻度是 2.5 V 而不是 250（缩小到 1/100），所以读数也就由表面的 150 变成实际电压值 1.5 V（缩小到 1/100）。

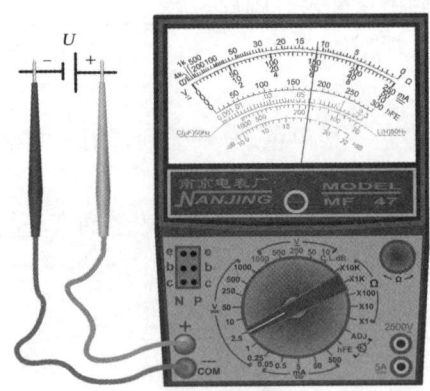

图 6-3-15　测量电压

电流的单位符号有 A、mA、μA，它们之间的关系是：_____。

引导问题 26：电阻的单位有_____A，它们之间的关系是_____；如图 6-3-16 所示，测试的物理量是_____；所选挡位为：_____；仪表读数为：_____；其测试值是_____。

引导问题 27：指针式万用表在测量电阻时万用表黑表笔接内部电源的____极，红表笔接内部电源的____极。

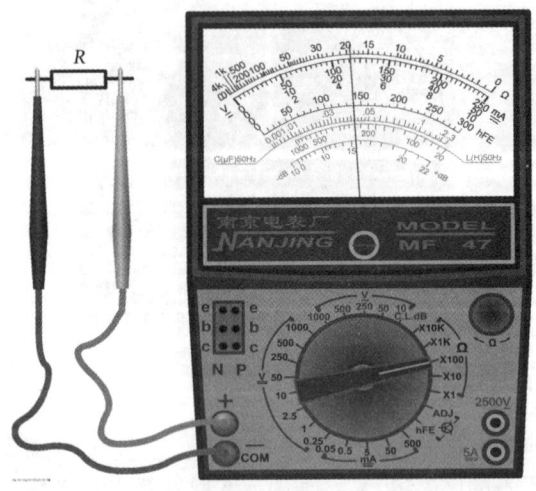

图 6-3-16　测量电阻

五、线路绝缘测试

使用绝缘电阻测试仪器，对所安装的线路进行绝缘测试，将数据记录在表 6-3-2 中。

表 6-3-2 电线绝缘电阻测试记录

编号：SZCC-

单位工程名称				分部工程名称			
分项工程名称				施工图部位			
施工执行标准名称及编号				项目经理			
测试时仪器型号、精度				试验日期			
回路编号	线路型号、规格、敷设方法	绝缘电阻（MΩ）			线缆电阻（Ω）		
		L-N	L-PE	N-PE	L	N	PE
验收结论	施工单位：			专业监理工程师（签名）： （建设单位项目专业技术负责人）			
	项目专业质量检验员（签名）：						
	项目专业技术负责人（签名）：						
	年　　　月　　　日			年　　　月　　　日			

六、开关、插座面板接线

家用电器插座一般有双孔插座、三孔插座、三相四孔等，如图 6-3-17 所示。请补充完整连接导线的名称（相线、零线、保护零线）。

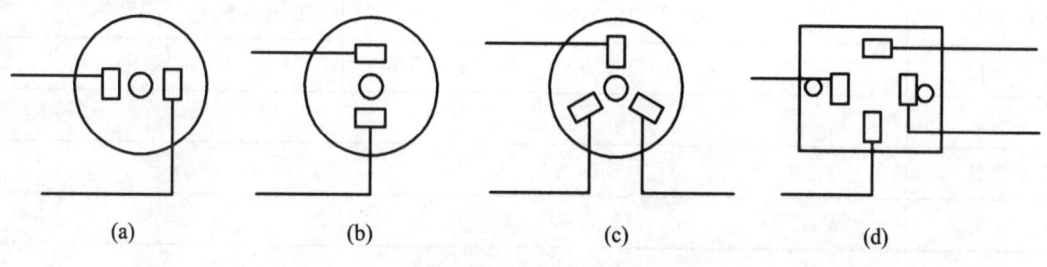

图 6-3-17 插座接线

双孔插座：水平安装时，应遵循"左零右火"原则，即相线接右孔，零线接左孔；竖直排列时，应遵循"下零上火"原则，即相线接上孔，零线接下孔。三孔插座：下边两孔是接电源线的，仍为"左零右火"，上边大孔接保护接地线。

七、现场施工控制

施工时请把实际工作情况、工作进度记录在表 6-3-3 中。

管 线 敷 设

表 6-3-3 施工进度表

施工项目	
施工班组	

八、工程验收

你已经按照配电线敷设的国家标准和施工规范，完成了办公室配电线的敷设了，下面请填写如表 6-3-4 所示的工程竣工验收单，完成工程验收。

引导问题 28：配电线敷设质量控制要点有哪些？应注意哪些质量问题？
_____
_____
_____

表 6-3-4 工程竣工验收单

工程竣工验收单						
建设单位		工程名称		地点		
设计单位		施工单位		工地负责人		
开工日期	年　月　日		竣工日期	年　月　日	
工程地点						
工程概况						
综合验收意见						
验收单位 验收人员			施工单位：			
附注					
年　月　日					

学习活动四　工作总结与评价

学习目标

（1）能以小组形式，对学习过程和实训成果进行汇报总结。
（2）完成对学习过程的综合评价。

建议学时

4学时。

学习过程

一、工程质量验收

你已经按照施工规范，完成了配电线敷设和测试，下面请按照施工任务单，完成工程验收。

引导问题1：配电线槽敷设和测试质量控制要点有哪些？应注意哪些质量问题？

_____

_____

引导问题2：请同学们查阅规范要求，根据本次施工任务制订验收项目及验收标准，完成表6-4-1。

表6-4-1　施工质量验收单

施工项目						
施工日期				施工班组		
序号	验收项目	配分	评分标准	得分	备　注	验收人签名
1						
2						
3						
4						
5						
6						
		得分合计				
验收小组成员会签： 　　　　　　　　　　　　　　　　　　　　　　　　　　　　　年　月　日							
验收复核签名： 　　　　　　　　　　　　　　　　　　　　　　　　　　　　　年　月　日							

本次学习任务分配说明：
（1）施工质量验收 60 分，由验收小组进行验收评分，老师复核；
（2）小组提交资料 20 分，由老师根据小组完成资料情况评分；
（3）个人表现 20 分，由老师根据任务实施过程个人表现评分。

二、总结与评价

1. 制作完成本工作过程的 PPT 文件，并写出展示演讲的内容大纲。

2. 在本次学习任务的学习过程中，你参与了哪些工作？

3. 针对本学习任务实施过程中的自己和小组其他成员的表现进行简要评价。

三、工作总结

以小组为单位，选择演示文稿、展板、海报、录像等形式中的一种或几种，向全班展示、汇报学习成果。内容应包括：

（1）勘查现场的过程及内容完成情况。

（2）施工准备活动完成情况。

（3）施工过程，有什么问题？有哪些优点？

（4）检查验收情况。

（5）总结：通本任务的安装过程学到了什么（专业技能和技能之外的东西）？

四、总结汇报及学习评价

各组推荐 1~2 名成员进行总结汇报，并简要说明学习过程中的经验和体会。观看他人汇报后，将他人总结和汇报过程中值得学习的地方和需要改进的地方用表 6-4-2 记录下来。学习完成后按表 6-4-3 和表 6-4-4 进行。

表 6-4-2 _____总结汇报

汇报人	值得学习的地方	还需要改进的地方
与其他小组相比，你所在的小组所做的展示有哪些优势和不足？		

管 线 敷 设

表 6-4-3 "配电线敷设与测试"综合评价

评价项目	评价内容	评价标准	评价方式		
			自我评价	小组评价	教师评价
职业素养	安全意识 责任意识	A 作风严谨、自觉遵章守纪、出色地完成工作任务； B 能够遵守规章制度、较好地完成工作任务； C 遵守规章制度、没完成工作任务或虽完成工作任务但未严格遵守规章制度； D 不遵守规章制度、没完成工作任务			
职业素养	学习态度	A 积极参与教学活动，全勤； B 缺勤达本任务总学时的 10%； C 缺勤达本任务总学时的 20%； D 缺勤达本任务总学时的 30%			
职业素养	团队合作意识	A 与同学协作融洽，团结合作意识强； B 与同学能沟通，协同工作能力较强； C 与同学能沟通，协同工作能力一般； D 与同学沟通困难，协同工作能力较差			
专业能力	活动一： 勘查现场	A 按时、高质量完成调研及工作页，积极参与课堂活动，表现突出； B 按时、较好地完成工作页，积极参与课堂活动； C 没按时完成工作页，不积极参与课堂活动； D 没完成工作页，不参与课堂活动			
专业能力	活动二： 施工前准备	A 按时、完整地完成工作页，问题回答正确； B 按时、完整地完成工作页，问题回答基本正确； C 未能按时完成工作页，或内容遗漏、错误较多； D 未完成工作页			
专业能力	活动三： 现场施工	A 学习活动成绩为 90~100 分； B 学习活动成绩为 75~89 分； C 学习活动成绩为 60~74 分； D 学习活动成绩为 0~59 分			
专业能力	活动四： 总结与评价	A 学习活动成绩为 90~100 分； B 学习活动成绩为 75~89 分； C 学习活动成绩为 60~74 分； D 学习活动成绩为 0~59 分			
创新能力		学习过程中提出具有创新性、可行性的建议	加分奖励：		
学生姓名			综合评价等级		
指导教师			日 期		

表 6-4-4　学习任务过程评价表

学习任务名称：_____
班级：_____ 组别：_____ 姓名：_____ 学号：_____

项目	评价内容	每次课评价				活动总评
职业素养评价项目（老师与观察员评价）	不迟到、不早退、仪容仪表、工衣、工牌 评价方法：全部合格为 A，一个不合格为 B，两个不合格为 C，三个不合格为 D					
	资讯（获取有效的信息）：网络、书籍、产品资料、老师、同学、相关规范及标准、其他 评价方法：两种渠道以上的为 A，两种渠道的为 B，一种渠道的为 C，无为 D					
	团队合作意识：与同学合作交流、听取同学意见、表达自己的观念、协助制订工作计划、无独自一人发呆走神现象、无抵触或不参与、协调小组成员、参与小组讨论 评价方法：全部合格为 A，一个不合格为 B，两个不合格为 C，三个及三个以上不合格为 D					
	7S 管理意识：学习区、施工区、资讯区、仓储区 评价方法：全部合格为 A，一个不合格为 B，两个不合格为 C，三个不合格为 D					
职业能力评价项目（老师与组长评价）	当次项目工作页完成情况 评价方法：抽查引导问题，第一次成功为 A，第二次成功为 B，第三次成功为 C，第四次及以上成功的为 D					
	成果 1：_____					
	成果 2：_____					
	成果 3：_____					
	成果 4：_____					
	学习成果评价方法： 　小组抽查形式：第一次成功为 A，第二次成功为 B，第三次成功为 C，第四次及以上成功的为 D。 　个人考核形式：当次学习活动成绩 90~100 分为 A；75~89 分为 B；60~74 分为 C；0~59 分为 D					
加分项目	1. 课堂积极发言一次加 1 分； 2. 上讲台总结发言一次加 2 分； 3. 成功组织策划课件活动一次加 3 分					
加分及扣分说明						

管 线 敷 设

续表

学习情况描述	学习活动一	安排的工作任务：	日期：
		实际工作内容：	评价人：
		完成情况：	
	学习活动二	安排的工作任务：	日期：
		实际工作内容：	评价人：
		完成情况：	
	学习活动三	安排的工作任务：	日期：
		实际工作内容：	评价人：
		完成情况：	
教师评价			总评成绩：

学习任务七　办公区信号线的敷设与测试

【学习目标】

（1）能根据任务描述确定工作任务。
（2）能识别信号线。
（3）能根据图纸或工作任务要求确定安装位置。
（4）能选择信号线敷设所用的工具及材料。
（5）能填写信号线敷设时涉及的国家标准。
（6）能根据现场勘查，编写施工计划。
（7）能根据任务要求绘画施工图和安装图。
（8）根据图纸进行信号敷设。
（9）能按施工规范验收。
（10）能撰写工作总结。
（11）能进行成果展示。
（12）能根据过程考核标准进行总结与评价。

【建议学时】

36学时。

【学习地点】

实训室。

【任务描述】

某公司办公区域（见图7-0-1）准备敷设计算机及电话信号线路、有线电视线路、通信线路信号线，公司工程部向各施工小组派"某大厦办公室信号线敷设"工程的工作任务联系单在2天内完成安装。要求施工小组接到派工单，明确施工内容，识读布线施工平面图，勘查现场的施工环境，根据施工现场的勘查的结果及派工单要求制订工作计划并列出所需工具和材料清单。按清单，领取材料及工具。在规定时间内完成信号线路的敷设、标志、测试、验收并交付使用。

【工作流程与活动】

（1）明确信号线的敷设与测试任务和勘查施工现场。
（2）信号线的敷设与测试——施工前的准备。

管 线 敷 设

（3）信号线的敷设与测试——现场施工。
（4）工作总结与评价。

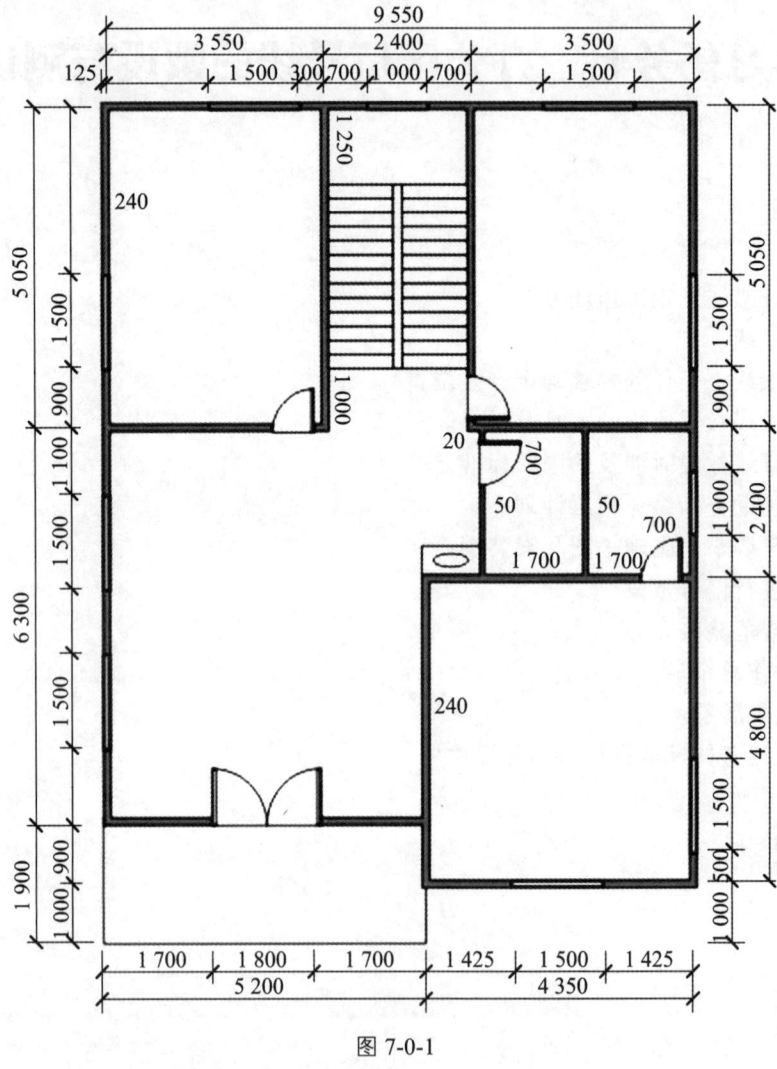

图 7-0-1

学习活动一　明确信号线的敷设与测试任务和勘查施工现场

学习目标

（1）能根据任务描述确定工作任务。
（2）能识别信号线。
（3）能根据图纸或工作任务要求确定安装位置。

建议学时

12学时。

学习过程

一、明确工作任务

请阅读表7-1-1工作任务单，用自己的语言描述具体的工作内容（填写引导问题的空白工作页）。

表7-1-1　工作任务联系单

流水号： 006			
类别：水□ 电□ 暖□ 土建□ 其他□		日期： 年 月 日	
施工地点	集团公司行政楼办公区		
施工项目	计算机及电话的信号线路敷设与测试		
客户具体要求（工作内容）	1. 公司办公区域设计施工，敷设计算机及电话信号线路、有线电视线路、通信线路信号线； 2. 办公区中有10间房间。每个房间应敷设计算机及电话信号线路、有线电视线路、通信线路信号线等各两个信息点，根据工程进度，现需要在2个工作日敷设至各信息点位。 3. 要求完成时间：2个工作日。 4. 与客户保持沟通，有修改意见必须经客户同意方可实施		
申报时间	年 月 日	完工时间	年 月 日
申 报 人		安 装 人	
验收意见		验 收 人	
		联系电话	
项目负责人		安装组负责人	

引导问题1：该项任务的施工地点？

引导问题2：该项工作需要在多少天内完成？

管线敷设

引导问题3：叙述该项工作的具体内容？

引导问题4：分析作为信号线敷设施工人员在工程中所担任的任务有哪些？

二、线缆工具熟悉

你已经了解工作任务，为了更好地完成工作你可能需要先回答下面几个问题：
（1）什么是信号线？
_____
_____

（2）楼宇中常用的信号线有哪些？
_____

（3）写出两种不同种类的信号线且出其适用的场所和优缺点。
_____
_____

（4）你知道在信号线敷设中要用到那些器材及工具吗（参考图7-1-1）？

名称：_____

名称：_____

名称：_____

名称：_____

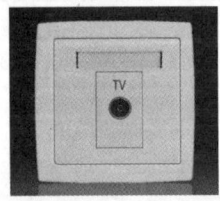
名称：_____

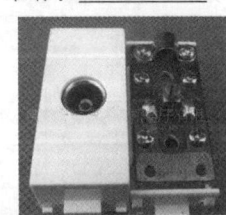
名称：_____

名称：_____

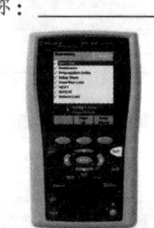
名称：_____

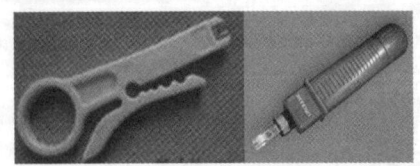
名称：_____

名称：_____

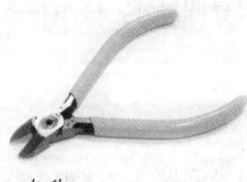
名称：_____

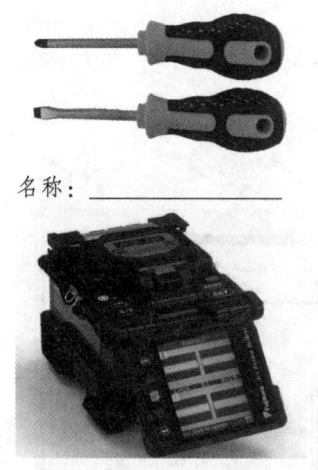
名称：_____   名称：_____

名称：_____   名称：_____

图 7-1-1　常用配件及工具

查找信息，自行回答下面的问题：

引导问题 5：你知道建筑物内部都需要敷设哪些信号线缆吗？

引导问题 6：你知道非屏蔽双绞线与屏蔽双绞线的区别是什么？

引导问题 7：你认识图 7-1-2 中的这些线缆吗？请你完成填空。

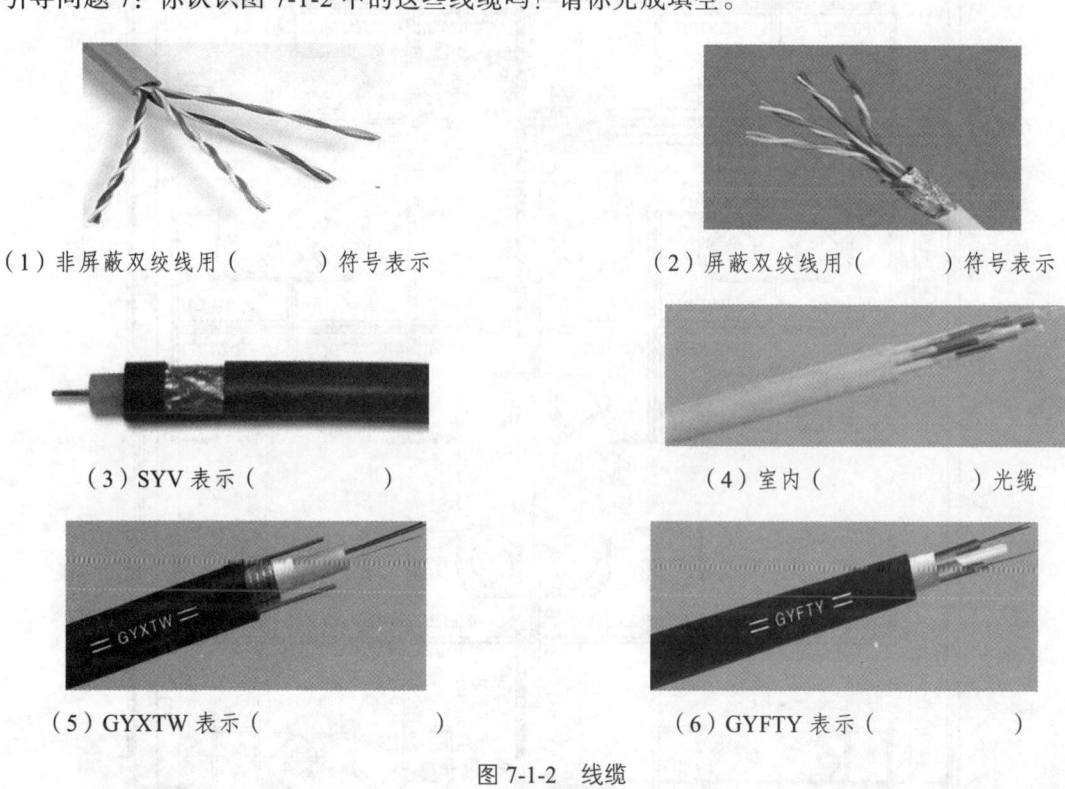

（1）非屏蔽双绞线用（　　　）符号表示　　（2）屏蔽双绞线用（　　　）符号表示

（3）SYV 表示（　　　　）　　（4）室内（　　　　）光缆

（5）GYXTW 表示（　　　　　　）　　（6）GYFTY 表示（　　　　　）

图 7-1-2　线缆

（7）室内光缆用（　　　　　　）表示。
（8）室外光缆用（　　　　　　）表示。
（9）海底光缆用（　　　　　　）表示。

三、识读施工图纸

相信你已经知道什么是信号线了，那么就请你阅读图 7-1-3 所示的图纸。

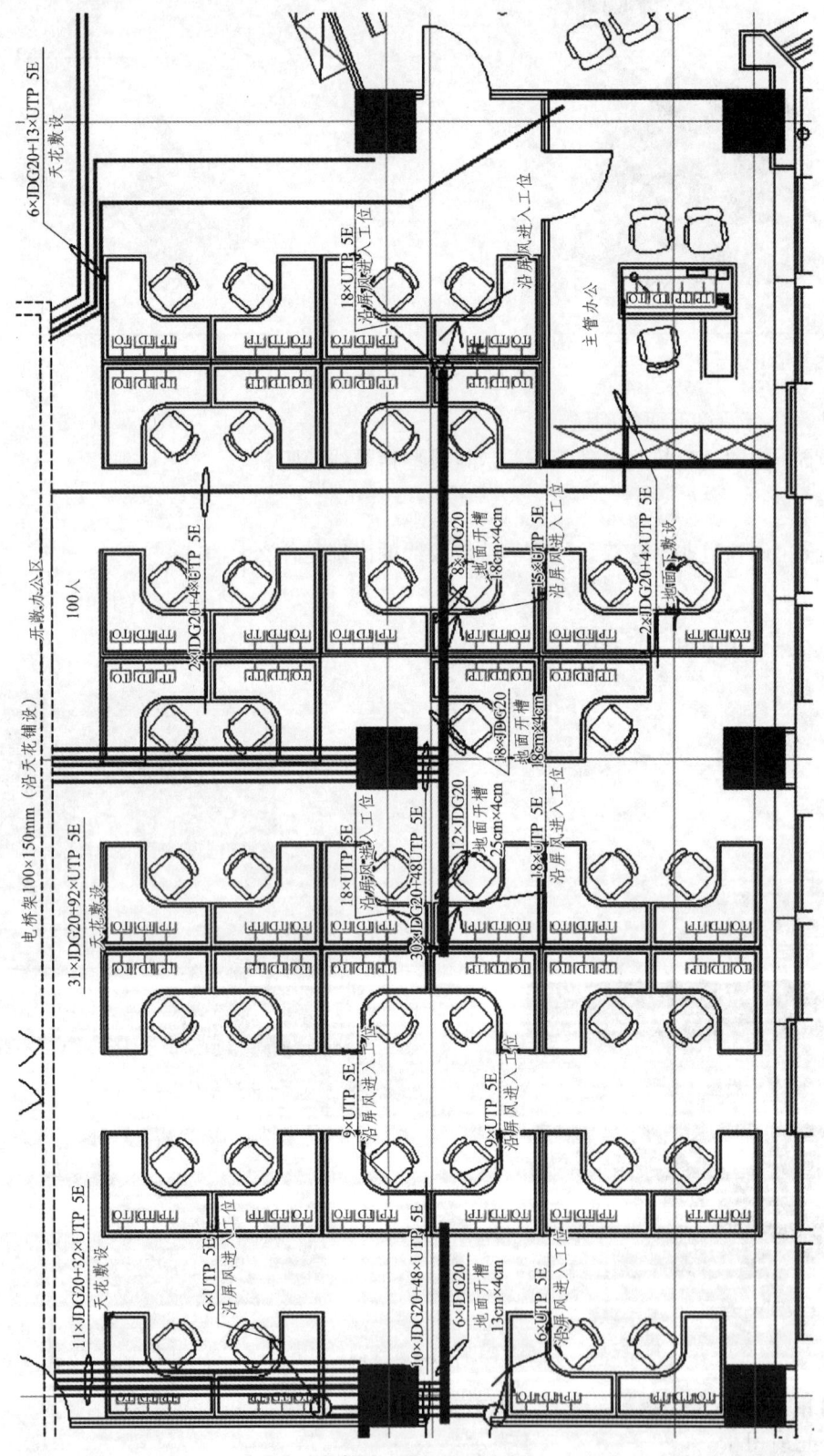

图 7-1-3　信号线敷设图

根据施工图纸勘查现场的施工环境、地理位置、有妨碍施工情况及时上报；请你们通过小组讨论，回答下列问题，并向全班展示你们的成果。

问题1：图纸中的各符号的名称是什么？

问题2：在上面办公室的平面图中共有多少个信息插座和语音插座？

问题3：勘查施工现场应注意哪些方面？

问题4：查找布线常见缩略语，完成表7-1-2。

表7-1-2 布线常见缩略语

缩略语	解　释	缩略语	解　释
ATM		BD	
B-ISDN		GCS	
IBDN		IBS	
IDF		MDF	

问题5：根据施工要求上网查阅资料，列出所需工具与器材名称、规格、数量及安装方式（见表7-1-3）。

表7-1-3 所需工具器材统计

名　称	规　格	数　量	备　注

学习活动二　信号线的敷设与测试——施工前的准备

学习目标

（1）能选择信号线敷设所用的工具及材料。

（2）能填写信号线敷设时涉及的国家标准。
（3）能根据现场勘查，编写施工计划。
（4）能根据任务要求绘画施工图和安装图。

建议学时

8学时

学习资源

（1）GB/T 50311—2007《综合布线系统工程设计规范》；
（2）GB/T 50312—2007《综合布线系统工程验收规范》；
（3）GB 50373—2007《通信管道通道与工程设计规范》；
（4）ANSI/TIA/EIA 568-B 标准。

学习过程

一、回答下列问题后，编写施工计划

引导问题1：本次信号线敷设时，需要的工具有哪些？

_____

_____

引导问题2：本次信号线敷设时，需要的制作的信号线有哪几类？

_____

_____

引导问题3：完成线缆制作，并写出制作步骤。

_____

_____

_____

二、制订工作计划

引导问题4：查阅相关资料了解施工的基本步骤，根据任务要求，结合现场勘查的实际情况，制订小组工作计划（见表7-2-1）。

表 7-2-1 "信号线敷设"工作计划

一、人员分工

1. 小组负责人：＿＿＿＿＿＿＿＿

2. 小组成员及分工

姓　名	分　工

二、工具及材料清单

序号	工具或材料名称	单位	数量	备注

三、工序及工期安排

序号	工作内容	完成时间	责任人	备注

四、安全防护措施

三、学习评价

以小组为单位，展示本组制订的工作计划。然后在教师点评基础上对工作计划进行修改完善，并根据表 7-2-2 评分标准进行评分。

表 7-2-2 评分标准

评价内容	分值	评　分		
		自我评价	小组评价	教师评价
计划制订是否有条理	10			
计划是否全面、完善	10			
人员分工是否合理	10			
任务要求是否明确	20			
工具清单是否正确、完整	20			
材料清单是否正确、完整	20			
团结协作	10			
合　计				

学习活动三　信号线的敷设与测试——现场施工

学习目标

（1）能识别信号线。
（2）能根据图纸或工作任务要求确定安装位置。
（3）能选择信号线敷设所用的工具及材料。
（4）能根据施工图纸进行信号线敷设。

建议学时

12 学时

学习过程

一、现场施工

施工准备工作和施工计划已经完成，下面要实施信号线的敷设。

1. 通过资料查询完善表 7-3-1

表 7-3-1 信号线分类

种 类	名 称	缩 写	接 头	特 点
通信线缆	双绞线		RJ—45	
	同轴电缆			
	光纤			
视频线		HDMI		
		DVI		
		VGA		
		AV		
音频线	音频线			

2. 参考图 7-3-1，描述 110 打线工具的使用方法

_____

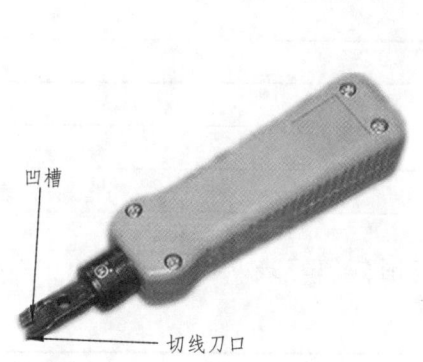
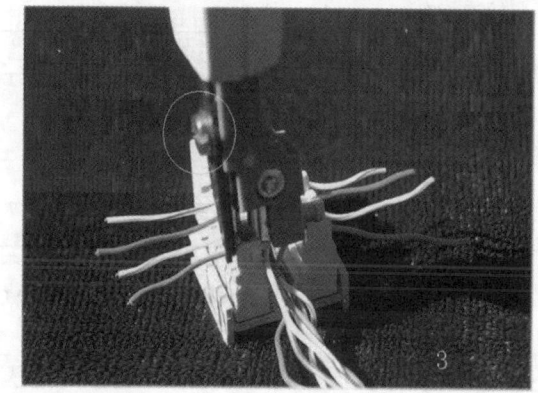

图 7-3-1 110 打线工具

3. 描述图 7-3-2~图 7-3-5 产品的名称及作用

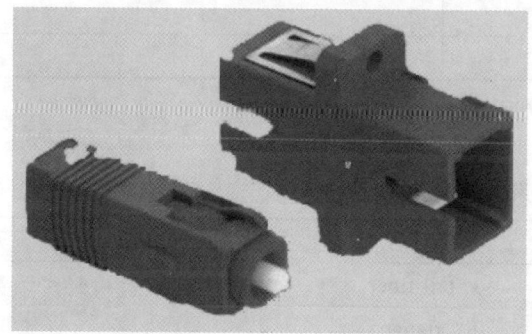

图 7-3-2 产品（一）

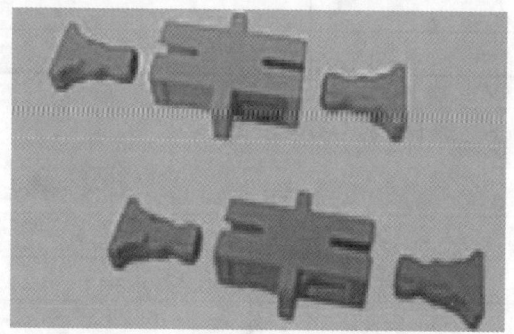

图 7-3-3 产品（二）

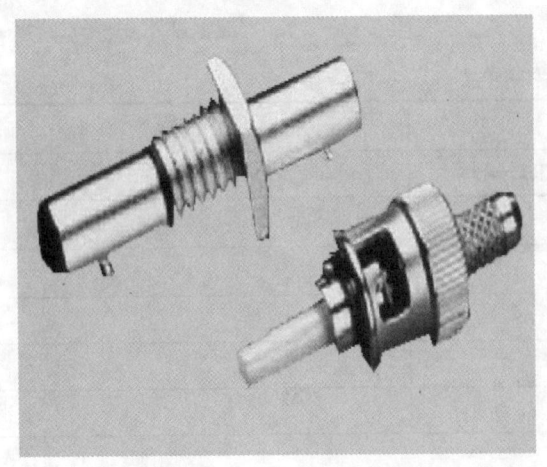

图 7-3-4 产品（三）

图 7-3-5 产品（四）

_____   _____
_____   _____

4. 填写表 7-3-2

表 7-3-2 光纤连接件

光纤连接件	缩　写	作　用
光纤配线架	ODF	
光纤连接器		
光纤适配器		
光纤跳线		
光纤尾纤		

5. 分别列出施工中所需要制作的线缆及适用的范围，填写表 7-3-3

表 7-3-3 线缆制作

线缆名称	制作所需工具	用　途	线缆连接模块	备　注

6. 翻译表 7-3-4 中的术语

表 7-3-4 常用术语

英　文	中　文	英　文	中　文
fiber		tail fiber	
signal cable		flange	
protection tube		board optical port	
conductivity test		the heat radiation mesh	
heat radiation		cabinet	

7. 双绞线布线（见图 7-3-6）

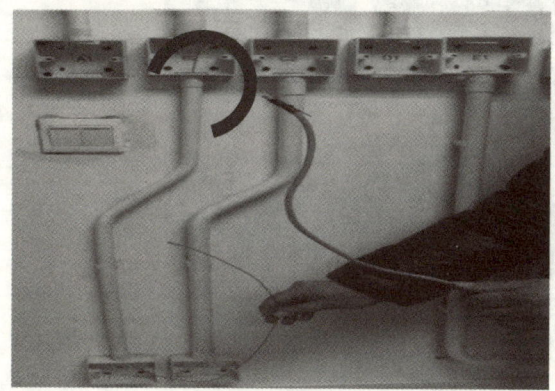 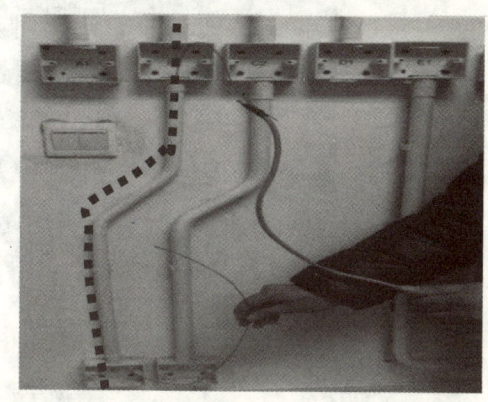

图 7-3-6　双绞线布线

（1）_____　　　　　　（2）_____

8. 多根双绞线的牵引

方法一（见图 7-3-7）：_____
_____
_____；

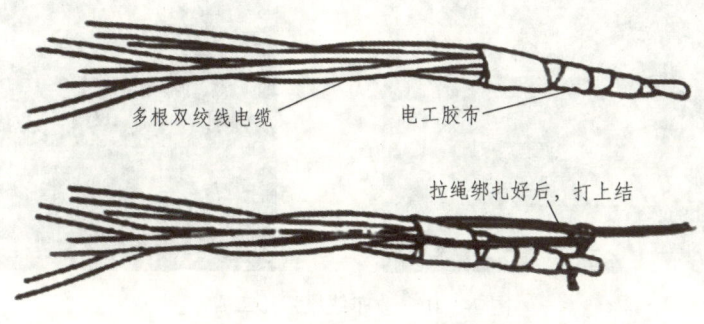

图 7-3-7　多根双绞线牵引方法一

方法二（见图 7-3-8）：将金属导体编织成一个环，拉绳绑扎在金属环上，然后_____
_____
_____；

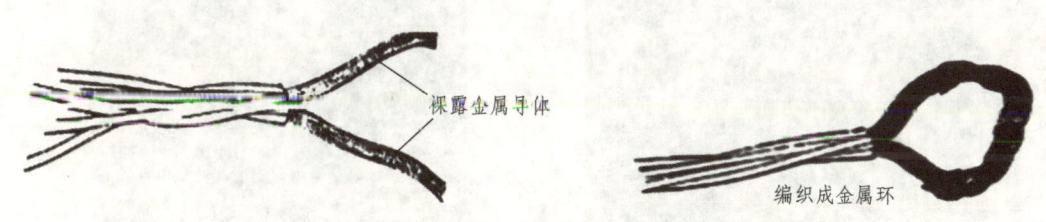

图 7-3-8　多根双绞线牵引方法二

二、常用问题

请指出改布线展示图 7-3-9~图 7-3-11 中的错误之处。

管 线 敷 设

图 7-3-9 改布线展示（一）

（1）错误之处_____

（2）错误之处_____

（3）错误之处_____

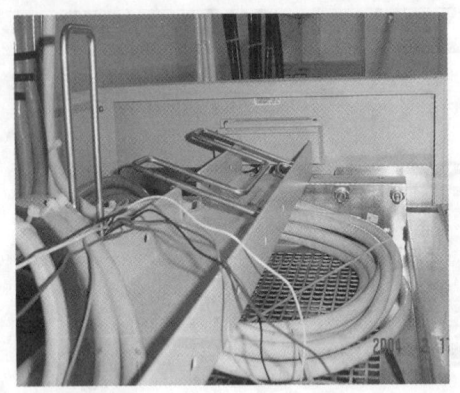 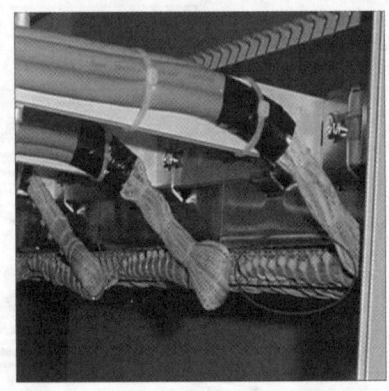

图 7-3-10 改布线展示（二）

（1）错误之处_____

（2）错误之处_____

 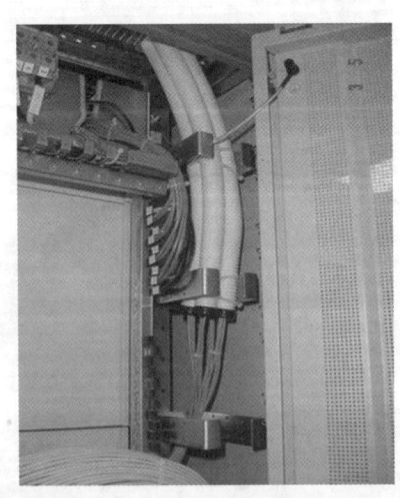

图 7-3-11 改布线展示（三）

138

（1）错误之处_____

（2）错误之处_____

三、现场施工控制

施工时请把实际工作情况、工作进度记录在表 7-3-5 中。

表 7-3-5　施工进度表

施工项目	
施工班组	

注：请按实际工作情况记录工作进度。

学习活动四　工作总结与评价

学习目标

（1）能按施工规范验收。
（2）能撰写工作总结。
（3）能进行成果展示。
（4）能根据过程考核标准进行总结与评价。

建议学时

4 学时。

管线敷设

学习过程

一、工程质量验收

你已经按照信号线敷设与测试的施工规范,完成了工作,下面请按照施工任务单,完成工程验收。

引导问题1:信号线敷设质量控制要点有哪些?应注意哪些质量问题?

_____

_____

_____

引导问题2:请同学们查阅规范要求,根据本次施工任务制订验收项目及验收标准,完成表7-4-1。

表7-4-1 施工质量验收单

施工项目						
施工日期			施工班组			
序号	验收项目	配分	评分标准	得 分	备 注	验收人签名
1						
2						
3						
4						
5						
6						
7						
	得分合计					

验收小组成员会签:

年 月 日

验收复核签名:

年 月 日

本次学习任务分配说明:

(1)施工质量验收60分,由验收小组进行验收评分,老师复核。

(2)小组提交资料20分,由老师根据小组完成资料情况评分。

(3)个人表现20分,由老师根据任务实施过程个人表现评分。

二、总结与评价

（1）制作完成本工作过程的 PPT 文件，并写出展示演讲的内容大纲。

（2）在本次学习任务的学习过程中，你参与了哪些工作？

（3）针对本学习任务实施过程中的自己和小组其他成员的表现进行简要评价。

三、总结汇报及学习评价

各组推荐 1~2 名成员进行总结汇报，并简要说明学习过程中的经验和体会。观看他人汇报后，将他人总结和汇报过程中值得学习的地方和需要改进的地方用表 7-4-2 记录下来。学习完成后按表 7-4-3 和表 7-4-4 进行评价。

表 7-4-2 _____总结汇报

汇报人	值得学习的地方	还需要改进的地方
与其他小组相比，你所在的小组所做的展示有哪些优势和不足？		

管 线 敷 设

表 7-4-3 "信号线敷设与测试"综合评价

评价项目	评价内容	评价标准	评价方式		
			自我评价	小组评价	教师评价
职业素养	安全意识 责任意识	A 作风严谨、自觉遵章守纪、出色地完成工作任务； B 能够遵守规章制度、较好地完成工作任务； C 遵守规章制度、没完成工作任务或虽完成工作任务但未严格遵守规章制度； D 不遵守规章制度、没完成工作任务			
	学习态度	A 积极参与教学活动，全勤； B 缺勤达本任务总学时的10%； C 缺勤达本任务总学时的20%； D 缺勤达本任务总学时的30%			
	团队合作意识	A 与同学协作融洽，团结合作意识强； B 与同学能沟通，协同工作能力较强； C 与同学能沟通，协同工作能力一般； D 与同学沟通困难，协同工作能力较差			
专业能力	活动一： 勘查现场	A 按时、高质量完成调研及工作页，积极参与课堂活动，表现突出； B 按时、较好地完成工作页，积极参与课堂活动； C 没按时完成工作页，不积极参与课堂活动； D 没完成工作页，不参与课堂活动			
	活动二： 施工前准备	A 按时、完整地完成工作页，问题回答正确； B 按时、完整地完成工作页，问题回答基本正确； C 未能按时完成工作页，或内容遗漏、错误较多； D 未完成工作页			
	活动三： 现场施工	A 学习活动成绩为 90~100 分； B 学习活动成绩为 75~89 分； C 学习活动成绩为 60~74 分； D 学习活动成绩为 0~59 分			
	活动四： 总结与评价	A 学习活动成绩为 90~100 分； B 学习活动成绩为 75~89 分； C 学习活动成绩为 60~74 分； D 学习活动成绩为 0~59 分			
创新能力		学习过程中提出具有创新性、可行性的建议	加分奖励：		
学生姓名			综合评价等级		
指导教师			日　　期		

学习任务七　办公区信号线的敷设与测试

表 7-4-4　学习任务过程评价表

学习任务名称：_____

班级：_____　　组别：_____　　姓名：_____　　学号：_____

项目	评价内容	每次课评价				活动总评
职业素养评价项目（老师与观察员评价）	不迟到、不早退、仪容仪表、工衣、工牌 评价方法：全部合格为 A，一个不合格为 B，两个不合格为 C，三个不合格为 D					
	资讯（获取有效的信息）：网络、书籍、产品资料、老师、同学、相关规范及标准、其他 评价方法：两种渠道以上的为 A，两种渠道的为 B，一种渠道的为 C，无为 D					
	团队合作意识：与同学合作交流、听取同学意见、表达自己的观念、协助制订工作计划、无独自一人发呆走神现象、无抵触或不参与、协调小组成员、参与小组讨论 评价方法：全部合格为 A，一个不合格为 B，两个不合格为 C，三个及三个以上不合格为 D					
	7S 管理意识：学习区、施工区、资讯区、仓储区 评价方法：全部合格为 A，一个不合格为 B，两个不合格为 C，三个不合格为 D					
职业能力评价项目（老师与组长评价）	当次项目工作页完成情况 评价方法：抽查引导问题，第一次成功为 A，第二次成功为 B，第三次成功为 C，第四次及以上成功的为 D					
	成果 1：_____					
	成果 2：_____					
	成果 3：_____					
	成果 4：_____					
	学习成果评价方法： 小组抽查形式：第一次成功为 A，第二次成功为 B，第三次成功为 C，第四次及以上成功的为 D。 个人考核形式：当次学习活动成绩 90~100 分为 A；75~89 分为 B；60~74 分为 C；0~59 分为 D					
加分项目	1. 课堂积极发言一次加 1 分； 2. 上讲台总结发言一次加 2 分； 3. 成功组织策划课件活动一次加 3 分					
加分及扣分说明						

管 线 敷 设

续表

学习情况描述	学习活动一	安排的工作任务：	日期：
		实际工作内容：	评价人：
		完成情况：	
	学习活动二	安排的工作任务：	日期：
		实际工作内容：	评价人：
		完成情况：	
	学习活动三	安排的工作任务：	日期：
		实际工作内容：	评价人：
		完成情况：	
教师评价			总评成绩：

附录　学习资源库

基础知识一　安全防护用具

一、安全帽

安全帽是防止冲击物伤害头部的防护用品（见附图1-1）英文名：safety helmet。

附图1-1

1. 基本概述

安全帽由帽壳、帽衬、下颏带和后箍组成。帽壳呈半球形，坚固、光滑并有一定弹性，打击物的冲击和穿刺动能主要由帽壳承受。帽壳和帽衬之间留有一定空间，可缓冲、分散瞬时冲击力，从而避免或减轻对头部的直接伤害。冲击吸收性能、耐穿刺性能、侧向刚性、电绝缘性、阻燃性是对安全帽的基本技术性能要求。

矿工和地下工程人员等常佩戴钢制或类似原料制的浅圆顶安全帽。工人们在工业生产环境中通常佩戴用金属或加强塑料制成的轻型保护头盔。

2. 基本特点

透气性良好轻质，为佩戴者提供全面的舒适性。

3. 安全帽的防护作用

当作业人员头部受到坠落物的冲击时，先利用安全帽帽壳、帽衬在瞬间先将冲击力分解到头盖骨的整个面积上，然后利用安全帽各部位缓冲结构的弹性变形、塑性变形和允许的结构破坏将大部分冲击力吸收，使最后作用到人员头部的冲击力降低到4 900 N以下，从而起到保护作业人员的头部的作用。安全帽的帽壳材料对安全帽整体抗击性能有重要的作用。

4. 主要分类

安全帽产品按用途分有一般作业类（Y类）安全帽和特殊作业类（T类）安全帽两大类，

其中 T 类中又分成 5 类：

T1 类适用于有火源的作业场所；

T2 类适用于井下、隧道、地下工程、采伐等作业场所；

T3 类适用于易燃易爆作业场所；

T4（绝缘）类适用于带电作业场所；

T5（低温）类适用于低温作业场所。

每种安全帽都具有一定的技术性能指标和适用范围，所以选用要根据所使用的行业和作业环境选购相应的产品。

例如：建筑行业一般就选用 Y 类安全帽；在电力行业，因接触电网和电器设备，应选用 T4（绝缘）类安全帽；在易燃易爆的环境中作业，应选择 T3 类安全帽。

安全帽的帽箍尺寸有 3 个号码：小号，51~56 cm；中号，57~60 cm；大号，61~64 cm。

重量：一顶完整的安全帽，重量应尽可能轻，不应超过 400 g。

颜色：安全帽的颜色一般以浅色或醒目的颜色为宜，如白色、浅黄色等。

5. 安全帽在建筑施工中的应用

进入施工现场必须正确戴好安全帽。施工现场发生的伤亡事故，特别是物体打击和高处坠物事故表明：凡是正确戴好安全帽，就会减轻和避免事故的后果；如果未正确戴好安全帽，头部就会失去保护，发生事故时会使人受到严重伤害。

安全帽被广大建筑工人称为"安全三宝"之一，是建筑工人保护头部，防止和减轻各种事故伤害，保证生命安全的重要个人防护用品。

6. 防护作用

怎样才能帮助建筑工人防御、减轻高处坠落和物体打击的危害呢？

安全帽无疑是一个很好的防护措施。别看安全帽平常无奇，可是"小小安全帽，蕴藏大道理"。工程塑料安全帽光滑的表面和帽顶上一道隆起的顶筋，实际上是为了减少坠落物冲击力而特制的。帽里边连着一根扣带的网状帽箍，是安全帽的一个关键部分，它能够延迟并减少传递到头部和颈部的压力，更重要的是，它可以吸收由撞击带来的大部分能量。

7. 注意事项

① 使用之前应检查安全帽的外观是否有裂纹、碰伤痕迹、凸凹不平、磨损；帽衬是否完整，帽衬的结构是否处于正常状态。安全帽上如存在影响其性能的明显缺陷就应及时报废，以免影响防护作用。

② 使用者不能随意对安全帽拆卸或添加附件，以免影响其原有的防护性能。

③ 使用者不能随意调节帽衬的尺寸，这会直接影响安全帽的防护性能，落物冲击一旦发生，安全帽会因佩戴不牢脱出或因冲击后触顶直接伤害佩戴者。

④ 佩戴者在使用时一定要将安全帽戴正、戴牢，不能晃动，要系紧下颚带，调节好后箍以防安全帽脱落。

⑤ 不能私自对安全帽打孔，不要随意碰撞安全帽，不要将安全帽当板凳坐，以免影响其强度。

⑥ 经受过一次冲击或做过试验的安全帽应作废，不能再次使用。

⑦ 安全帽不能在有酸、碱或化学试剂污染的环境中存放，不能放置在高温、日晒或潮湿的场所中，以免其老化变质。

⑧ 应注意在有效期内使用安全帽，植物枝条编织的安全帽有效期为两年，塑料安全帽的有效期限为两年半，玻璃钢（包括维纶钢）和胶质安全帽的有效期限为三年半，超过有效期的安全帽应报废。

8. 安全帽的正确佩戴方法

① 安全帽由帽衬和帽壳两部分组成，帽衬与帽壳不能紧贴，应有一定间隙（帽衬顶部间隙为 20~50 mm）；

② 必须系紧下颚带。

9. 安全帽颜色分类

白色安全帽为建筑安全监督人佩戴。

红色安全帽为施工安全管理人员佩戴。

蓝色安全帽为特种工作人员佩戴。

黄色安全帽为建筑施工作业人员佩戴。

二、安全带

1. 建筑用带

建筑安全带是防止高处坠落的安全用具。高度超过 2 m，没有其他防止坠落的措施时，必须使用安全带（见附图 1-2）。使用原则为：高挂低用。

附图 1-2

国家标准推荐生产使用了锦纶安全带（见附图 1-3）。按工作情况分为高空作业锦纶安全带、架子工用锦纶安全带、电工用锦纶安全带等种类。

安全带要正确使用（见附图 1-4），拉平，不要扭曲。三点式腰部安全带应系得尽可能低些，最好系在髋部，不要系在腰部；肩部安全带不能放在胳膊下面，应斜挂在胸前。

附图 1-3

2. 安全使用注意事项

① 安全带使用期限一般为 3~5 年，发现异常应提前报废。

② 安全带的腰带和保险带、绳应有足够的机械强度，材质应有耐磨性，卡环（钩）应具有保险装置。保险带、绳使用长度在 3 m 以上的应加缓冲器。

③ 使用安全带前应进行外观检查：组件完整、无短缺、无伤残破损；绳索、编带无脆裂、断股或扭结；金属配件无裂纹、焊接无缺陷、无严重锈蚀；挂钩的钩舌咬口平整不错位，保险装置完整可靠；铆钉无明显偏位，表面平整。

附图 1-4

④ 安全带应系在牢固的物体上，禁止系挂在移动或不牢固的物件上。不得系在棱角锋利处。安全带要高挂和平行拴挂，严禁低挂高用。

⑤ 在杆塔上工作时，应将安全带后备保护绳系在安全牢固的构件上（带电作业视其具体任务决定是否系后备安全绳），不得失去后备保护。

⑥ 安全带要避免接触明火和酸、碱化学物质作业。

⑦ 不准将绳打结使用，也不准将挂钩直接挂在安全绳上使用，应挂在连接环上使用。

基础知识二　安全标志

安全标志根据其用途的不同可分为禁止标志、警告标志、指令标志和提醒标志 4 类 9 种：①防火标志；②禁止标志；③注意标志；④危险标志；⑤救护标志；⑥小心标志；⑦放射性标志；⑧方向标志；⑨指示标志。

基础知识三　消防安全常识

（1）平时要增强消防意识。进入陌生场所应先了解安全出口、疏散通道、楼梯间的位置及是否关闭、是否上锁，熟悉消防栓等灭火、避难器具的位置。

（2）发生火灾时保持镇静，火场逃生要迅速，动作越快越好，切不要为寻找贵重物品而延误时间。

（3）逃生时不可蜂拥而出或留恋财物。必须穿过火区时，应尽量用浸湿的衣物披裹身体，捂住口鼻。逃生时要注意随手关闭通道上的门窗，以阻止和延缓烟雾向逃离的通道蔓延。通过浓烟区时，要尽可能以较低的姿势或匍匐姿势快速前进，并用湿毛巾捂住口鼻。

（4）如身上着火，千万别奔跑，可就地打滚，将身上的火苗压灭，或跳入就近的水池、水缸、小河等，或用厚重衣物覆盖压灭火苗。

（5）如身处楼上，寻找逃生路一般向下不向上。如楼梯或门口被大火封堵，楼层不高时，可利用布匹、床单、地毯、窗帘等制成绳索，通过窗口、阳台、下水管等滑下逃生。如楼层高，其他出路被封堵，应退到室内，关闭通往着火区的门、窗，有条件的用湿布料、毛巾等封堵着火区方向的门窗，并用水不断地浇湿，同时靠近没有火一方的门窗呼救。晚上可用手电筒、白布摆动发出求救信号，切不可乘坐电梯，也不可贸然跳楼。在万般无奈，不得不采用跳楼的方式以获生机时，可将席梦思床垫、软沙发、被子等物先行选点扔下，再将身上包上棉絮等软物对准跳下，注意一定要脚先着地，这样可以将危险降到最低限度。

基础知识四　紧急救护

一、口对口人工呼吸法

人工呼吸是指用人为的方法，运用肺内与大气之间压力差的原理，使呼吸骤停者被动式呼吸，获得氧气，排出二氧化碳，维持最基础的生命需求。

人工呼吸方法很多，有口对口吹气法、俯卧压背法、仰卧压胸法，但以口对口吹气式人工呼吸最为方便和有效。

口对口或（鼻）吹气法操作简便容易掌握，而且气体的交换量大，接近或等于正常人呼吸的气体量、对大人、小孩效果都很好。操作方法如下：

（1）病人取仰卧位，即胸腹朝天。

（2）救护人站在其头部的一侧，自己深吸一口气，对着伤病人的口（两嘴要对紧不要漏气）将气吹入，造成吸气。为使空气不从鼻孔漏出，此时可用一手将其鼻孔捏住，然后救护人嘴离开，将捏住的鼻孔放开，并用一手压其胸部，以帮助呼气。这样反复进行，每分钟进行14~16次。

如果病人口腔有严重外伤或牙关紧闭时，可对其鼻孔吹气（必须堵住口）即为口对鼻吹气。救护人吹气力量的大小，依病人的具体情况而定。一般以吹进气后，病人的胸廓稍微隆起为最合适。口对口之间，如果有纱布。则放一块叠二层厚的纱布，或一块一层的薄手帕，但注意，不要因此影响空气出入。

二、胸外心脏挤压法

胸外心脏按压是心脏停跳时采用人工方法使心脏恢复跳动的急救方法。心跳停止应立即进行胸外心脏按压，具体方法如下：

（1）迅速将病人置于仰卧位，平放于地面或硬板上，解开衣领，头后仰使气道开放。抢救者跪（或站）在病人左侧，先向病人口对口吹几口气，以保持呼吸道通畅并得到氧气。

（2）用手握拳猛击病人心前区1~2下，拳击可产生微量电流，使心脏恢复跳动。

（3）按压部位为胸骨中段1/3与下段1/3交界处。

（4）以左手掌根紧贴按压区，右手掌根重叠放在左手背上，全部手指脱离胸壁。

（5）抢救者双臂应伸直，双肩在病人胸部正上方，垂直向下用力按压。按压要平稳，有规则，不能间断，不能冲击猛压，下压与放松的时间大致相等。

（6）按压次数：成人每分钟80~100次；儿童每分钟100次；婴儿每分钟120次。

（7）按压深度：成人胸骨下陷4~5 cm，儿童3 cm，婴儿2 cm。

（8）对儿童心脏按压只需用一只手掌紧贴按压区；婴儿只用中指与食指在按压区加压即可，位置要高一点，靠近乳头连线中点上方一指。

（9）在进行胸外按压的同时，要进行口对口人工呼吸。只有一人抢救时，可先口对口吹气 2 次，然后立即进行心脏按压 15 次，再吹气 2 次，又再按压 15 次；如果有两人抢救，则一人先吹气 1 次，另一人按压心脏 5 次，接着吹气 1 次，再按压 5 次，如此反复进行，直至有医务人员赶到现场。

（10）心脏按压用的力不能过猛，以防肋骨骨折或其他内脏损伤。若发现病人脸色转红润，呼吸心跳恢复，能摸到脉搏跳动，瞳孔回缩正常，抢救就算成功了。因此，抢救中应密切注意观察呼吸、脉搏和瞳孔等。

三、止血包扎的方法

施工活动中，经常会遇到外伤，在体表形成伤口，有时合并血管、神经损伤，甚至骨折。严重外伤可合并颅脑、心肺、腹腔脏器损伤。

身体表面形成伤口后外界细菌、异物进入伤口，可引起感染。有血管损伤时出血多，能导致休克。因此，现场伤口处理很重要。

1. 伤口处理的目的

① 防止伤口进一步污染，减少感染机会。
② 止血，防止出血过多发生休克。

2. 伤口的处理

（1）一般伤口处理。

一般伤口较浅，不伴血管神经损伤，容易止血。现场有条件时，用生理盐水冲洗伤口后，伤口周围皮肤用 75%酒精消毒（注意不要让酒精进入伤口）。然后用无菌敷料包扎。如现场无条件，可用洁净布料、毛巾、衣物等压迫伤口，迅速转送到医院进行清创、缝合术。

（2）头部受伤。

头皮血管丰富、出血较多，常伴有颅骨骨折和颅脑损伤。头部伤口要尽快用无菌敷料或洁净布料压迫止血，出血较多时用手按压约 15 min 可达止血目的。头部伤口包扎较困难，可用三角巾、尼龙网套等固定敷料。

（3）手指伤口。

手指最常见的是刀割伤，伤口较齐。受伤后用创可贴直接包扎，能起到止血消炎作用。创可贴缠绕不要太紧，过紧压迫手指静脉反而不易止血。

手指外伤常合并肌腱断裂。手指有伤口时都要到医院进一步检查和治疗。要肌注破伤风抗毒素预防破伤风，同时进行清创缝合术。

手指切割伤有时造成指端缺损、出血不易止住。要立即用无菌敷料压迫伤口，同时用手掐住手指两侧，能达到良好止血目的。然后到医院进行残端修整术。

（4）伴有大血管损伤的伤口。

严重创伤造成大血管断裂，出血多，易造成出血性休克。因此，有效地止血是争取抢救时间、挽救伤员生命的重要措施。

伴有大血管损伤的伤口较深，出血多，伤口远端脉搏搏动消失，肢体远端苍白、发凉，伤口内可见血管断端喷血，肌肉断裂外露。有时判断是否有大血管损伤较困难。现场急救时遇有出血多的伤口先按血管损伤处理，待转送医院后进一步检查治疗。

3. 止 血

止血是防止休克，挽救伤员生命的重要措施。有效地止血能赢得将伤员转送到医院进行抢救的宝贵时间。止血方法的方法如下几种：

（1）伤口压迫止血。

多数伤口通过纱布或其他可利用的物品（如毛巾、手绢、洁净的衣物等）压迫到伤口上可达到止血目的。

操作要点：纱布厚度要够，覆盖面积要超过伤口，加压包扎。

（2）指压止血。

用手指压在动脉上阻断动脉血运行能有效达到止血目的。指压止血法用于出血量大，有血管损伤的伤员。

操作要点：准确掌握动脉压迫点，压迫力度要适中，压迫 10~15 min。

（3）填塞止血。

伤口大时往往存在大的空隙，这时要用纱布将空隙填塞压实，方能达到良好止血目的。放置纱布范围要大，超出伤口 5~10 cm，这样才能有效止血。纱布放好后用绷带加压包扎。

现场如无纱布，可用三角巾、毛巾、衣物等可利用的物品代替。

（4）止血带止血。

有大血管损伤，出血量多时要用止血带止血。止血带要压住动脉才可止血，但压力不可过大，否则不利于伤口凝血作用的形成。不能用电线、尼龙绳等无弹性的绳索代替。并且每隔 1 h 要放松 5 min。放松期间要用指压法压迫大血管以减少出血。

4. 包 扎

快速、准确地包扎可以起到快速止血、保护伤口、防止污染的作用，有利于转送和进一步治疗。

（1）绷带包扎。

手臂、小腿等部位用一般的反转缠绕包扎法，头部用回返包扎法，手脚用八字包扎法。

（2）三角巾包扎。

三角巾可以包扎身体的许多部位：用头顶帽式、风帽式、面具式包扎头部；折成条状包扎眼部与膝部，折成燕尾式包扎双肩与胸背臀部。

（3）尼龙网套包扎。

尼龙网套有良好的弹性，使用方便。头部及手指不易用绷带包扎的部位可用尼龙网套。

（4）自粘贴包扎。

自粘贴敷料自带黏性，透气性好，还有止血、消炎作用，使用方便。用于表浅伤口包扎。

基础知识五 7S 管理

一、1S——整顿

（1）定义。

① 将工作场所任何东西区分为有必要的与不必要的；
② 把必要的东西与不必要的东西明确、严格地区分开；
③ 不必要的东西要尽快处理掉。

正确的价值意识——使用价值，而不是原购买价值。
（2）目的。
① 腾出空间，空间活用；
② 防止误用、误送；
③ 塑造清爽的工作场所。
生产过程中经常有一些残余物料、返修品、报废品滞留在现场，既占据了地方又阻碍生产，如果不及时清除，会使现场变得凌乱。
注意点：要有决心，不必要的物品应断然地加以处置。

二、2S——整顿

（1）定义。
① 对整理之后留在现场的必要的物品分门别类放置，排列整齐。
② 明确数量，有效标志。
（2）目的。
① 工作场所一目了然；
② 整整齐齐的工作环境；
③ 消除找寻物品的时间；
④ 消除过多的积压物品。
注意点：这是提高效率的基础。
整顿的3要素：场所、方法、标识。
整顿的3原则：定点、定容、定量。
定义：放在哪里合适定容；用什么容器、颜色定量；规定合适的数量。
（3）重点。
① 整顿的结果要成为任何人都能立即取出所需要的东西的状态；
② 要站在新人和其他职场的人的立场来看，什么东西该放在什么地方更为明确；
③ 要想办法使物品能立即取出使用；
④ 另外，使用后要能容易恢复到原位，没有恢复或误放时能马上知道。

三、3S——清扫

（1）定义。
① 将工作场所清扫干净；
② 保持工作场所干净、明亮。
（2）目的。
① 消除脏污，保持干净、明亮；
② 稳定品质。
注意点：责任化、制度化。
（3）实施要领。
① 建立清扫责任区（室内外）；
② 执行例行扫除，清除脏污；

③ 调查污染源，予以杜绝或隔离；
④ 建立清扫基准，作为规范；
⑤ 开始一次全公司的大清扫，每个地方清洗干净。

四、4S——清洁

（1）定义。
将前面的 3S 实施的做法制度化、规范化。
（2）目的。
维持前面 3S 的成果。
注意点：制度化，定期检查。
（3）实施要领：
① 落实前 3S 工作；
② 制订目视管理的基准；
③ 高层主管经常巡查，带动全员重视 7S 活动。

五、5S——素养

（1）定义。
提高员工思想水准，增强团队意识，养成按规定行事的良好工作习惯。
（2）目的。
提升工人的品质，使员工对任何工作都讲究认真。
注意点：长期坚持，养成良好的习惯。
（3）实施要领：
① 制订公司有关规则、规定；
② 制订礼仪守则；
③ 教育训练（新进人员强化 5S 教育、实践）；
④ 推动各种激励活动，遵守规章制度。

六、6S——安全

（1）定义。
清除安全隐患，保证工作现场工人人身安全及产品质量安全，预防意外事故的发生。
（2）目的。
杜绝安全事故、规范操作、确保产品质量，保障员工的人身安全，保证生产的连续安全正常的进行，同时减少因安全事故而带来的经济损失。

七、7S——节约

（1）定义。
就是对时间、空间、质量、资源等方面合理利用，以发挥它们的最大效能，从而创造一个高效率的，物尽其用的工作场所。

（2）目的。
① 以自己就是主人的心态对待企业的资源；
② 能用的东西尽可能利用；
③ 切勿随意丢弃，丢弃前要思考其剩余之使用价值；
④ 秉承勤俭节约的原则，建立资源节约型企业。

基础知识六　电气图形符号常识

　　平面图——建筑平面图简称平面图，是建筑施工中比较重要的基本图。平面图是建筑物各层的水平剖切图，假想通过一栋房屋的门窗洞口水平剖开（移走房屋的上半部分），将切面以下部分向下投影，所得的水平剖面图，就称平面图。
　　建筑平面图既表示建筑物在水平方向各部分之间的组合关系，又反映各建筑空间与围合它们的垂直构件之间的相关关系。
　　系统图——指的是系统连接示意图，也就是说整个设备的结构，设备之间是怎么连接的，与平面图结合，使看平面图更加方便。
　　安装图——在施工安装的过程中，将所注意的事项，在图集的说明部分都做了详细的描述，便于指导工程施工。符合安全适用、技术先进、经济合理的原则。
　　施工图——表示工程项目总体布局，建筑物、构筑物的外部形状、内部布置、结构构造、内外装修、材料作法以及设备、施工等要求的图样。

一、施工图的内容

施工图需要正确、齐全、简明地把安装内容表达出来，一般由以下几方面组成：

1. 目　录

一般与土建施工图同用一张目录表，表上注明施工图的名称、内容、编号顺序等。

2. 设计说明

设计说明都放在施工图之前，说明设计要求。如说明：
（1）电源来路，内外线路，强弱电及电气负荷等级；
（2）建筑构造要求，结构形式；
（3）施工注意事项及要求；
（4）线路材料及敷设方式（明、暗线）；
（5）各种接地方式及接地电阻；
（6）需检验的隐蔽工程和电器材料等。

二、水电施工图里面有些符号的含义

同一张图纸的线宽种类应妥善分类，不宜过多。根据不同的用途，线型可分为以下6种：

(1）粗实线：电气线路，一次线路等主要内容用线，可见轮廓线、图框线等。

(2）中实线：电气施工图的干线、支线、电缆线、架空线等均用中实线画。例如电话线中间加字母 F，广播线中间加字母 B。

(3）细实线：二次线路，一般线路。电气施工图的底图线（即建筑平面图）要用细实线，以突出用中实线画的电气线路。

(4）点划线：用于轴线、中心线等，如电气设备安装大样图的中心线。

(5）虚线：适用辅助线、屏蔽线、机械连接线，不可见轮廓线、不可见导线、计划扩展内容用线等。

(6）折断线：用在被断开部分的边界线。

此外，电气专业常用的线型还有电话线、接地母线、电视天线、避雷线等多种特殊形式。在图线上加上限定符号或文字符号，表示用途，形成新的图线符号。例如：

——M——表示母线槽；　　　——L——表示电缆桥架；

——B——表示广播线；　　　——R——表示电视线；

——A——表示消防线；　　　——F——表示电话线。

三、字体和尺寸标注

（1）墨线图应采取直体长仿宋字。图中书写的各种字母和数字，可采用向右倾斜与水平呈 75°的斜体字。当与汉字混合书写时，可采用直体字，但物理符号推荐采用斜体字。汉字的笔画粗细约为字高的 1/15。各种文种字母和数字的笔画粗细约为字高的 1/7 或 1/8。各种字体应从左往右，排列整齐，笔画清晰。不得滥用不规范的简化字和繁体字。值得一提的是：工程图纸不宜使用许多字体，尽管有的字体很漂亮。工程设计中规范化的要求胜过对美观的要求，我们应该遵照国家制图标准，而不要以个人的喜好而随心所欲。

（2）工程图纸上标注的尺寸通常采用毫米（mm）为单位，只有总平面图或特大设备图用米（m）为单位，所以电气图纸一般不用标注尺寸。

四、比　例

图纸上图形尺寸与实物实际尺寸的比值称为比例。电气接线图和系统图都是不按比例绘制示意图。但平面布置图等一般是按比例绘制的。电气工程图的图形比例应遵守国家制图标准绘制。平面图多采用 1：100 的比例，特殊情况下，也可使用 1：50 或 1：200。这个标准序列为：1：10，1：20，1：50，1：100，1：150，1：200，1：400，1：500，1：1000。大样图可适当放大比例。复制图纸不得改变原样比例。

五、方　位

图纸中的方位按国际惯例通常是上北下南，左西右东表示设备或构筑物的位置和朝向。有时为了使图面布局更加合理也有可能采用其他方位，但必须用方位标记（指北针）表示其朝向，其箭头方向表示正北方向（N）。为了表示设备安装地区一年四季的风向情况，在电气布置图上往往还标有风向频率标记。它是根据某一地区多年平均统计的各个方向吹风次数的百分值，按一定比例绘制而成。风向频率标记形似一朵玫瑰花，故又称为风玫瑰图。

六、标　高

标高有绝对标高和相对标高两种表示方法。室外电气安装工程常用绝对标高，这是以中国青岛市外海平面为零点而确定的高度尺寸，又称海拔高度。例如北京某室外电力变压器台面绝对标高是 46.88 m。建筑图纸中的标高通常是相对标高，一般将±0.00 设定在建筑物首层室内地平，往上为正值，往下为负值。电气图纸中设备的安装标高是以各层地面为基准的，例如暗装照明配电箱的安装高度下口距地 1.4 m、明装 1.2 m，都是以各层地面为准的。

七、读图技巧

一般来说，室内照明线路的看图顺序是设计说明→系统图→平面图→接线图→原理图等。从设计说明了解工程概况，本图纸所用的图形符号，该工程所需要的设备、材料型号、规格和数量等，然后再看系统图、平面图、接线图和原理图。看图时，平面图和系统图要结合起来看，电气平面图找位置，电气系统图找联系；安装接线图与原理图结合起来看，安装接线图找接线位置，电气原理图分析工作原理。

若讲电气图形符号之权威、完全、准确，当属 GB/T 4728《电气简图用图形符号》系列国家标准。此系列国家标准等同采用 IEC 60617 database《电气简图用图形符号数据库标准》英文版中的相应内容。此系列标准包含下列内容：

GB/T 4728.1—2005 电气简图用图形符号　第 1 部分：一般要求；
GB/T 4728.2—2005 电气简图用图形符号　第 2 部分：符号要素、限定符号和其他常用符号；
GB/T 4728.3—2005 电气简图用图形符号　第 3 部分：导体和连接件；
GB/T 4728.4—2005 电气简图用图形符号　第 4 部分：基本无源元件；
GB/T 4728.5—2005 电气简图用图形符号　第 5 部分：半导体管和电子管；
GB/T 4728.6—2008 电气简图用图形符号　第 6 部分：电能的发生与转换；
GB/T 4728.7—2008 电气简图用图形符号　第 7 部分：开关、控制和保护器件；
GB/T 4728.8—2008 电气简图用图形符号　第 8 部分：测量仪表、灯和信号器件；
GB/T 4728.9—2008 电气简图用图形符号　第 9 部分：电信：交换和外围设备；
GB/T 4728.10—2008 电气简图用图形符号　第 10 部分：电信：传输；
GB/T 4728.11—2008 电气简图用图形符号　第 11 部分：建筑安装平面布置图；
GB/T 4728.12—2008 电气简图用图形符号　第 12 部分：二进制逻辑元件；
GB/T 4728.13—2008 电气简图用图形符号　第 13 部分：模拟元件。

根据中国建筑标准设计研究所出版的《建筑电气工程设计常用图形和文字符号》00DX001 73 页规定，线路敷设中常用的标注、图形符号和文字代号见附表 6-1~附表 6-3。

附表 6-1　线路敷设标注

线路敷设方式标注		导线敷设部位的标注	
SC	焊接钢管敷设	AB	沿或跨梁（屋架）敷设
MT	电线管敷设	BC	暗敷在梁内
PC	硬塑料管敷设	AC	沿或跨柱敷设
FPC	阻燃半硬聚氯乙烯管敷设	CLC	暗敷设在柱内
CT	电缆桥架敷设	WS	沿墙面敷设
MR	金属线槽敷设	WC	暗敷设在墙内
PR	塑料线槽敷设	CE	沿天棚或顶板面敷设

续表

线路敷设方式标注		导线敷设部位的标注	
M	用钢索敷设	CC	暗敷设在屋面或顶板内
KPC	聚氯乙烯塑料波纹电线管敷设	SCE	吊顶内敷设
CP	金属软管敷设	FC	地板或地面下敷设
DB	直接埋设		
TC	电气管敷设		
CE	混凝土排管敷设		
RC	水煤气管敷设		

附表 6-2 常用电器设备图形符号

名 称	图形符号	说 明	名 称	图形符号	说 明
断路器			插座		
照明配电箱			开关		开关一般符号
单相插座		依次表示明装、暗装、密闭、防爆	单相三孔插座		依次表示明装、暗装、密闭、防爆
单极开关		依次表示明装、暗装、密闭、防爆	三相四孔插座		依次表示明装、暗装、密闭、防爆
双极开关		依次表示明装、暗装、密闭、防爆	三极开关		依次表示明装、暗装、密闭、防爆
多个插座		3个	带开关插座		装一单极开关
单极拉线开关			灯		
单极双控拉线开关			荧光灯		单管或三管灯
双控开关		单相三线	吸顶灯		
带指示灯开关			壁灯		

管线敷设

续表

名 称	图形符号	说 明	名 称	图形符号	说 明
多拉开关		如用于不同照度	花灯		
三根导线			N根导线		
电度表	kWh		吊扇		
电风扇调整开关					

附表6-3 常用文字代号

序号	方式、部位	名称	旧代号	新代号
1	线路敷设方式	明敷	M	E
2		暗敷	A	C
3		塑料阻燃管	—	PVC
4		穿电线管	DG	T
5		穿硬塑料管	VG	PC
6		穿钢管	G	SC
7	线路敷设部位	沿墙面	QM（Q）	WE
8		暗敷设在墙内	QA	WC
9		暗敷设在地面或地板内	DA	FC
10	灯具安装方式	线吊式	X	CP
11		壁式	B	W
12		吸顶式	D	S

基础知识七 安全法规以及安全常识

安全生产法规是国家法律体系的一个重要组成部分，是指国家关于改善劳动条件，实现安全生产，保护劳动者在生产的过程中的安全和健康而采取的各项措施的总和。

主要涉及安全的法规有：

一、《中华人民共和国宪法》

二、《中华人民共和国刑法》

三、《中华人民共和国劳动法》

四、《中华人民共和国建筑法》

五、《中华人民共和国消防法》

六、《中华人民共和国安全生产法》

七、《中华人民共和国传染病防治法》

八、《建设工程安全生产管理条例》（国务院令第393号）

九、《特种设备安全监督条例》（国务院令第373号）

十、《广东省安全生产条例》

一、加强劳动保护　改善劳动条件

"加强劳动保护，改善劳动条件"这十二个字是《中华人民共和国宪法》为保护劳动者在生产工作中的安全与健康而制订的原则。

《中华人民共和国建筑法》和《建设工程安全生产管理条例》明确指出"安全第一，预防为主"是我国安全生产方针。

二、新工人上岗前必须签订劳动合同

《中华人民共和国劳动法》中指出："建立劳动关系应当签订劳动合同。劳动合同是劳动者与用人单位确立劳动关系，明确双方权利与义务的协议。"也就是新工人上岗前必须与用人单位签订劳动合同。新工人上岗前的"三级"安全教育，施工现场作业人员上岗前的"三级"安全教育：即公司教育、项目部教育、班组教育。

三、特种作业人员必须持证上岗

特种作业是指对操作者本人和其他工种人员以及对周围设施的安全有重大危害因素的作业。

特种作业人员包括：电工、焊接（气割）、建筑登高架设、起重设备安装及操作人员等。《劳动法》规定："从事特种作业的劳动者，必须经过专门培训，并取得特种作业资格。"特种作业操作证必须按时年审，特种作业人员必须持证上岗。

四、坚决杜绝"三违"

"三违"是指：违章指挥、违章作业、违反劳动纪律。七成以上建筑行业事故均是由于"三违"所致。由此造成重大伤亡事故的，依据《刑法》，负刑事责任。

五、坚持事故立即报告制度

发生事故立即向上级部门报告，不得隐瞒不报，并按"四不放过"原则进行调查分析和处理。

"四不放过"是指：事故原因没有查清不放过；事故责任者没有严肃处理不放过；广大职工没有受到教育不放过；防范措施没有落实不放过。

六、劳动保护和消防安全

劳动保护就是保护劳动者在劳动生产过程中的安全健康。

国家规定对女职工和未成年工实行特殊保护。对女职工进行"四期保护"（四期指的是月经期、孕期、产期、哺乳期）。"四期"内不得从事繁重体力劳动和有毒害作业。未成年工指年满16周岁未满18周岁的劳动者。对未成年工，不得安排从事有毒有害作业及特别繁重的体力劳动，禁止安排加班加点和夜班工作。

七、"三宝""四口"和"五临边"

建筑施工安全防护的"三宝"是：安全帽、安全带、安全网。

建筑施工安全要做好"四口"防护。"四口"在建筑施工行业是指：楼梯口、电梯口、预留洞口和出入口（也称通道口）。

建筑施工安全要做好临边防护。"五临边"指尚未安装栏杆的阳台周边，无外架防护的屋面周边，框架工程楼层周边，上下通道、斜道两侧边，卸料平台的外侧边。

八、正确戴好安全帽——凡进入建筑施工现场人员必须戴安全帽，并且必须正确戴安全帽。

其他劳动安全防护用品的使用

凡从事带电作业的人员，必须穿合格的绝缘鞋、戴合格的绝缘手套，防止触电事故发生。

电工、焊工必须戴合格手套，穿好绝缘鞋和使用护目镜及防护罩。

操作旋转机械设备人员，应穿袖口紧、下摆紧、裤脚紧的工作服，不准戴手套、围巾，女工的发辫要盘在工作帽内，不准露出帽外。

严禁酒后上班——住房和城乡建设部规定：严禁酒后上班。

施工现场必须正确配置合格有效的消防器材。

施工现场应按规范要求，设置明显消防标志，消防器材须垫高放置。建筑工地一般采用干粉灭火器，灭火按照瓶侧注明的使用方法正确操作灭火器。灭火器必须定期检查，保持其压力正常。

每位施工现场作业人员必须掌握消防安全常识。

燃烧需要三个基本条件：火源、可燃物、助燃物（通常是指空气），有效地管理好可燃物，避免三者之间相互作用，是防止火灾的基本方法。

可燃物有三种：① 固体可燃物（如木材）；② 可燃流体（如汽油）；③ 可燃气体（如液化气、乙炔）。

火灾导致人员死亡的主要原因：有毒气体中毒；缺氧、窒息；烧伤致死；吸入热气。

扑救火灾一般有三种方法：① 隔离法，将可燃物与火隔离。② 窒息法，将可燃物与空气隔离。③ 冷却法，降低燃烧物的温度。

发生火灾时，基本的正确应变措施是：发出警报，疏散，在安全情况下设法扑救。

安装电灯应注意：电灯泡与可燃物要保持一定的安全距离，严禁用纸、布做灯罩或包扎灯泡。

烟头的表面温度为200~300℃，烟头的中心温度为700~800℃，因此，吸烟容易引起火灾。打电话报火警时应注意：要讲清楚起火场所详细地址、着火情况、着火物品、有无爆炸危险、是否有人被困及报警的电话号码和报警人的姓名等。

九、常见灭火器材的种类及使用方法

（1）泡沫灭火器。适用于普通火灾及油类火灾，分为化学泡沫和机械泡沫两种。化学泡沫使用时颠倒使用，现已淘汰。机械泡沫使用方法与干粉灭火器相同。由于泡沫有一定导电性，不能扑救忌水和带电物体火灾。

（2）二氧化碳灭火器。适用于油类火灾和气体火灾。使用方法：
① 拔出保险插销。② 握住喇叭喷嘴和阀门压把。③ 压下压把使内部高压喷出。使用时注意防止冻伤。

（3）干粉灭火器。分为 ABC 和 BC 干粉两种。其中适用于普通火灾（A 类），油类火灾（B 类）、气体火灾（C 类）。三类火灾灭火器的使用方法：① 拔掉保险销。② 喷嘴管对着火焰根部，压下阀门压把即可喷出干粉。

十、施工现场电气火灾扑救方法

施工现场因电气设备、线路绝缘老化、短路等因素引起的电气火灾发生后，应及时切断电源，再使用砂土、干粉灭火器等灭火。不得使用水、泡沫灭火器进行灭火，以防止或避免救火人员触电。

十一、把火灾隐患消灭在萌芽状态

焊、割作业不准与油漆等易燃、易爆作业同时上下交叉作业。
高处焊接下方应有专人监护，中间应有防护隔板。
进入施工现场作业区，特别是在易燃、易爆物周围，严禁吸烟。
班后防火必须做到：交接班不交代清楚不走；用火设备火源不熄灭不走；用电设备不拉闸断电不走；可燃物不清干净不走；发生隐患不报告不处理好不走。

十二、施工现场照明的安全常识

（1）一般场所的照明用电，宜选用额定电压 220 V 的电源供电，室内照明灯具的安装高度不应低于 2.4 m。
（2）移动照明（如行灯）电源电压不得大于 36 V。
（3）安全电压 36 V 电线上严禁搭毛巾衣物。
（4）碘钨灯照明需用三芯电缆供电，其外壳应做接零保护。
（5）碘钨灯照明采用 220 V 电源供电，高度不小于 3 m，室内灯具架设要离开易燃物最少 30 cm。
（6）施工现场碘钨灯必须固定牢固，距易燃物至少 1 m。

基础知识八　电锤、电钻操作规范及常识

一、电钻使用（1）

（1）作业前应对电钻进行下列检查：
① 外壳、手柄不出现裂缝、破损；
② 电缆软线及插头等完好无损，开关动作正常；
③ 保护接零连接正确、牢固可靠；
④ 各部防护罩齐全牢固，电气保护装置可靠。
（2）机具启动后，应空载运转，检查并确认机具联动灵活无阻。作业时，加力应平稳，不得用力

过猛。

（3）作业时应掌握电钻或电锤手柄，钻孔时先将钻头抵在工作表面，然后开动，用力适度，避免晃动；转速若急剧下降，应减少用力，防止电机过载，严禁用木杠加压。

（4）钻孔时，应注意避开混凝土中的钢筋。

（5）电钻或电锤为 40% 断续工作制，不可长时间连续使用。

（6）作业孔径在 25 mm 以下时，应有稳固的作业平台，周围应设护栏。

（7）严禁超载使用。作业中应注意声响及温升，发现异常应立即停机检查。作业时间过长，机具温升超过 60℃ 时，应停机，自然冷却后再行作业。

（8）作业中，不得用手触摸刃具、模具和砂轮，发现其有磨钝、破损情况时，应立即停机修整或更换，然后再继续进行作业。

（9）机具转动时，不得撒手不管。

二、电钻使用（2）

1. 使用电钻时的个人防护

（1）面部朝上作业时，要戴上防护面罩。在生铁铸件上钻孔要戴好防护眼镜。

（2）钻头夹持器应妥善安装。

（3）作业时钻头处在灼热状态，应注意灼伤肌肤。

（4）钻 ϕ12 mm 以上的孔时，手持电钻应使用有侧柄的手枪钻。

（5）站在梯子上工作或高处作业应做好防高处坠落措施，梯子应有地面人员扶持。

2. 作业前应注意事项

（1）确认现场所接电源与电钻铭牌是否相符。是否接有漏电保护器。

（2）钻头与夹持器应适配，并妥善安装。

（3）确认电钻上开关接通锁扣状态，否则插头插入电源插座时电钻将会出其不意地立刻转动，从而可能导致人员被伤害。

（4）若作业场所在远离电源的地点，需延伸线缆时，应使用容量足够，安装合格的延伸线缆。延伸线缆如通过人行过道应高架或做好防止线缆被碾压损坏的措施。

3. 电钻的正确操作方法

（1）在金属材料上钻孔应首先用样冲在被钻位置打上样冲眼。

（2）在钻较大孔眼时，预先用小钻头钻穿，然后再使用大钻头钻孔。

（3）如需长时间在金属上进行钻孔时可采取一定的冷却措施，以保持钻头的锋利。

（4）钻孔时产生的钻屑严禁用手直接清理，应用专用工具清屑。

4. 维护和检查

（1）检查钻头。

使用迟钝或弯曲的钻头，将使电动机过负荷而工况失常，并降低作业效率。因此，若发现这类情况，应立刻处理更换。

（2）电钻机身紧固螺钉检查。

使用前检查电钻机身安装螺钉紧固情况，若发现螺钉松动，应立即重新扭紧，否则会导致电钻故障。

（3）检查碳刷。

电动机上的碳刷是一种消耗品，其磨耗度一旦超出极限，电动机将发生故障。因此，已磨耗的碳刷应立即更换，此外碳刷必须经常保持干净状态。

（4）保护接地线检查。

保护接地线是保护人身安全的重要措施，因此Ⅰ类器具（金属外壳）应经常检查其外壳应有良好的接地。

三、了解电钻、电锤等电动工具的使用常识及故障处理方法

1. 简　介

电钻是利用电能做动力的钻孔机，是电动工具中的常见产品，也是需求量最大的电动工具类产品。

电钻主要规格有 4、6、8、10、13、16、19、23、32、38、49 mm 等，数字指在抗拉强度为 390 N/mm² 的钢材上钻孔的钻头最大直径。对有色金属、塑料等材料最大钻孔直径可比原规格大 30%～50%。

2. 工作原理

电钻的工作原理是通过电磁旋转式或电磁往复式小容量电动机的电机转子做磁场切割做功运动，通过传动机构驱动作业装置，带动齿轮加大钻头的动力，从而使钻头刮削物体表面，洞穿物体。

3. 分　类

电钻可分为 3 类：手电钻、冲击钻、锤钻。

（1）手电钻：功率最小，使用范围仅限于钻木或用作电动改锥。

（2）冲击钻：可以钻木、钻铁和钻砖，但不能钻混凝土，有的冲击钻上说明了可钻混凝土，其实并不可行，但可钻瓷砖和砖头外层很薄的水泥。

（3）锤钻（电锤）：可在任何材料上钻洞，使用范围最广（见附图 8-1）。

这 3 种电钻价格由低到高排列，功能也随之增多，具体如何选用，需要结合各自的适用范围及要求。

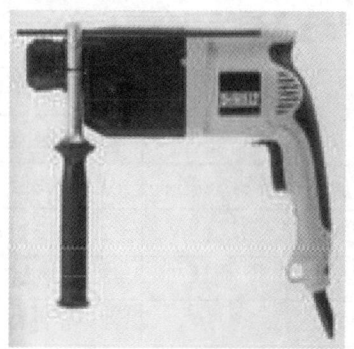

附图 8-1　锤钻

4. 配　件

带锁紧功能扳手钻夹头是电钻类电动工具的主要配件，常见的有钥匙钻夹头（见附图 8-2）。高端钻夹头主要被应用在要求较高的专业电动工具、台钻等场合，具有高精度、高技术含量、高附加值和高效益等特点。主要与专业类电动工具中高性能自锁钻夹头和重型扳手钻夹头需求量在不断增加。

附图 8-2　钻夹头

5. 使用、选择方法

以室内天花板为例，天花板由钢筋混凝土制成，如使用冲击钻钻孔将会很费气力，但用其来打墙就不会出现这种情况，因此冲击钻适合家庭中日常的使用，但对于打孔工作人员来说，应首选锤钻。

在打墙时，锤钻将会比冲击钻更加省力，冲击钻在使用的过程中需要人不断地施加力而使其转动，而在使用锤钻时，只需开始时稍微施加一点力就可使钻头自动往前。

6. 手持式交流电钻常见故障（见附表 8-1）

附表 8-1　手持式交流电钻常见故障

故障	产生原因	排除方法
通电后电机不转动	1. 电源断路 2. 接头松脱 3. 开关接触不良 4. 电刷与换向器表面不接触	1. 修复电源 2. 检查所有接头 3. 修理或更换开关 4. 检查电刷位置使其与换向器接触
上电后有异常声音且不能转动或转动很慢	1. 开关触点烧坏 2. 轴向推力过大使电钻超负荷 3. 进入材料时工具被卡住 4. 轴承过紧或齿轮折齿 5. 机械传动部分卡住	1. 修理或更换开关 2. 减少推力 3. 停止推进或退出工具 4. 更换轴承或齿轮 5. 查找机械部分卡住原因并消除
电机转动但钻轴不转	1. 钻轴上的键折断 2. 中间齿轴折断 3. 电枢轴齿部折断	1. 换用新键 2. 更换中间齿轴 3. 更换电枢
减速箱外壳过度发热	1. 减速箱中缺乏润滑脂或润滑脂变质 2. 齿轮过紧或齿间有杂物	1. 清洗后添加或更换润滑脂 2. 检查齿轮或清除杂物
电机外壳过热	1. 负荷过大 2. 钻头太钝 3. 电钻装配不合理	1. 钻孔进入速度适当减慢 2. 磨锐钻头或换用新钻头 3. 检查电枢是否有卡紧或擦定子铁心内孔
换向器上产生较大火花	1. 电枢短路 2. 电刷与换向器接触不良 3. 换向器表面不平或污垢较多	1. 修复电枢 2. 检查换向器与电刷接触情况 3. 消除换向器表面上污垢并磨光其表面
夹头松脱或钻头不转	1. 钻轴锥面或钻夹头内锥有污垢物 2. 钻夹头夹持不紧	1. 清除污垢物重新装上 2. 夹紧钻头

基础知识九　工作计划的制订方法

工作计划是一个单位或团体在一定时期内为完成工作的打算。制订工作计划要求简明扼要、具体明确，用词造句必须准确，不能含糊。

一、工作计划的格式

（1）计划的名称。包括订立计划单位或团体的名称和计划期限两个要素，如"××工作计划"。
（2）计划的具体要求。一般包括工作的目的和要求，工作的项目和指标，实施的步骤和措施等，也就是为什么做、做什么、怎么做、做到什么程度。
（3）最后写订立计划的日期。

二、工作计划的内容

一般地讲，工作计划的内容包括：
（1）情况分析（制订计划的根据）。制订计划前，要分析研究工作现状，充分了解下一步工作是在什么基础上进行的，是依据什么来制订这个计划的。
（2）工作任务和要求（做什么）。根据需要与可能，规定出一定时期内应完成的任务和应达到的工作指标。
（3）工作的方法、步骤和措施（怎样做）。在明确了工作任务以后，还需要根据主客观条件，确定工作的方法和步骤，采取必要的措施，以保证工作任务的完成。

三、制订好工作计划须经过的步骤

（1）认真学习研究上级的有关指示办法，领会精神，武装思想。
（2）认真分析实际的具体情况，这是制订计划的根据和基础。
（3）根据上级的指示精神和本单位的现实情况，确定工作方针、工作任务、工作要求，再据此确定工作的具体办法和措施，确定工作的具体步骤。环环紧扣，付诸实现。
（4）根据工作中可能出现的偏差、缺点、障碍、困难，确定预算克服的办法和措施，以免发生引导问题时，工作陷于被动。
（5）根据工作任务的需要，组织并分配力量，明确分工。
（6）计划草案制订后，应交全体人员讨论。计划是要由群众来完成的，只有正确反映群众的要求，才能成为大家自觉为之奋斗的目标。
（7）在实践中进一步修订、补充和完善计划。计划一经制订出来，并经正式通过或批准以后，就要坚决贯彻执行。在执行过程中，往往需要继续加以补充、修订，使其更加完善，切合实际。

四、写好工作计划四大要素

（1）工作内容：做什么（WHAT）——工作的目标、任务。计划应规定出在一定时间内所完成的目标、任务和应达到要求。任务和要求应该具体明确，有的还要定出数量、质量和时间要求。

(2) 工作方法：怎么做（HOW）——采取的措施、策略。要明确何时实现目标和完成任务，就必须制订出相应的措施和办法，这是实现计划的保证。措施和方法主要指达到既定目标需要采取什么手段，动员哪些力量与资源，创造什么条件，排除哪些困难等。总之，要根据客观条件，统筹安排，将"怎么做"写得明确具体，切实可行。特别是针对工作总结中存在问题的分析，拟定解决问题的方法。

(3) 工作分工：谁来做（WHO）——工作负责。这是指执行计划的工作程序和时间安排。每项任务，在完成过程中都有阶段性，而每个阶段又有许多环节，它们之间常常是互相交错的。因此，订计划必须胸有全局，妥善安排，哪些先干，哪些后干，应合理安排。而在实施当中，又有轻重缓急之分，哪是重点，哪是一般，也应该明确。在时间安排上，既要有总的时限，又要有每个阶段的时间要求，以及人力、物力的安排。这样，使有关单位和人员知道在一定的时间内，一定的条件下，把工作做到什么程度，以便争取主动，有条不紊地协调进行。

(4) 工作进度：什么时间做（WHEN）——完成期限。

基础知识十　工作总结的方法与技巧

一、学会总结的方法

我们做完任何事情之后，都应该好好地总结一下。

工作总结，就是把某一时期已经做过的工作，进行一次全面系统的总检查、总评价，进行一次具体的总分析、总研究；也就是看看取得了哪些成绩，存在哪些缺点和不足，有什么经验、提高。它遵循如下规律：计划—实践—总结—再计划—再实践—再总结。

下面五点是我们在总结的时候，要突出注意的问题：

第一，既要学会总结经验，也要学会总结教训。经验是工作成功的启示，教训是对失误的反思，经验和教训都是宝贵财富。我们从事的任何一项工作，肯定既有成功也有挫折。成功时不可沾沾自喜、忘乎所以；受挫时也不能怨天尤人、一蹶不振。应坐下来认真思考，既要把成功的经验总结出来，用于指导今后的工作实践，使工作进入良性循环的轨道；又要把失败的教训查找出来，作为今后工作的警示，避免类似问题的发生。

第二，既要学会总结具体的，也要学会总结抽象的。要从更高的层次、更深的涵义去认识和理解总结工作的重要性，既要抓好有形的、具体的事物，也要抓好无形的、抽象的内容。既要总结工作的得失，也要总结工作方法以及把握事物发展变化规律等方面的经验教训。唯有这样，才能使物质变成精神、使经验上升到理论高度，才能提高分析、解决各项工作中遇到的现实问题的能力。

第三，既要学会分析，也要学会综合。先分析、后综合，在分析的过程中不乏综合，同时在综合过程中又不断分析，这是认识事物也是总结经验最有效的方法之一。分析不是简简单单地分，而是依据事物的性质和特点来分；综合也不是随随便便地合，而是按照事物的内在逻辑来合。在人们的实际思维活动中，往往是分析中有综合，综合中有分析，分析的过程同时就是综合的过程。这是一个寻找事物内在联系、探求客观规律的过程，是一个由简单到复杂、由复杂到简单、循环往复、螺旋式上升的过程，是最难的一步，也是最苦的一关，过了这一关，你也就做到了善于总结。

第四，要实事求是。总结是事实成果的汇总归类和条理化，要注意用事实和数字说话。既不能人为拔高，注水膨胀，也不能把别人的成果拿来共享。

第五，不能回避问题。总结的目的是为了修正和提高，在于应用。在总结成绩的同时，要客观地查找工作中存在的不足和问题，避免在以后的工作中犯同样的错误。

二、总结写作指导

（1）工作总结必须有情况的概述和叙述，有的比较简单，有的比较详细。这部分内容主要是对工作的主客观条件、有利和不利条件以及工作的环境和基础等进行分析。

（2）成绩和缺点。这是总结的中心。总结的目的就是要肯定成绩，找出缺点。成绩有哪些，有多大，表现在哪些方面，是怎样取得的；缺点有多少，表现在哪些方面，是什么性质的，怎样产生的，都应讲清楚。

（3）经验和教训。做过一件事，总会有经验和教训。为便于今后的工作，须对以往工作的经验和教训进行分析、研究、概括、集中，并上升到理论的高度来认识。

（4）今后的打算。根据今后的工作任务和要求，吸取前一时期工作的经验和教训，明确努力方向，提出改进措施等。

三、施工技术总结的编写

1. 施工技术总结的性质和作用

所谓总结，是对已经做过的事情进行认真回顾，全面检查，系统分析，并给予正确评价，从而肯定成绩和经验，找出缺点和教训，揭示事物的本质和规律，作为今后工作的借鉴。总结是一个提高的过程，有助于施工技术水平的提高和汲取经验教训，少走弯路。

2. 施工技术总结的种类

（1）从内容上分，有综合总结、专题总结和单项总结。

① 综合总结，是一种比较全面的总结，即一个施工企业、一个施工项目经理部对一个时期施工技术工作进行全面综合整理、归纳后写出的。

② 专题总结，是对某一方面的工作情况所做的总结，例如"粗钢筋连接施工技术总结"等。

③ 单项总结，是对某一项具体工作所做的总结，例如"带肋钢筋套筒挤压连接施工技术总结"等。

（2）按时间分，有年度总结、季度总结、月份总结，还有3年工作总结、5年工作总结。

3. 施工技术总结的主要内容

（1）概况或主要目的。对一个分项工程来说，说明工程特点、难点，当前通用做法情况等。

（2）具体做法的主要内容，新做法有哪些改进，施工过程中遇到哪些问题，出了什么质量事故，如何克服和处理等。

（3）主要优缺点与技术经济效果。

（4）体会、经验、存在问题及今后改进方向与意见。

（5）必要时，拟定出包括准备工作（包括机具与材料要求等）、作业条件、操作要点、质量安全、注意事项等全过程的工艺规程或工法。

4. 施工技术总结编写的注意事项

（1）精心选择好总结题材：凡是有经验、有创新和有教训的事情，都值得总结。

① 容易出质量、技术问题的部位；

② 在提高工程质量、加快施工进度或节省材料、降低成本等方面做得较突出的。

（2）收集好素材：例如，要进行某一分项工程的技术总结，则应掌握该项目在整体中的作用，是如何施工的？走了哪些弯路？碰到哪些问题？是如何克服的？并弄清其主要技术经济指标。

（3）目的明确，重点突出：写总结不能变成记流水账，写总结的目的是总结经验教训，指导今后工作，只有重点突出才能写得深入，也才有总结的意义。

（4）实事求是，认真可靠：写总结必须对总结的内容（包括陈述事情的发展过程、所举出的数据、资料等）做到真实、准确、可靠、实事求是。

（5）语言要简明扼要，朴实无华，准确肯定，不能模棱两可，含糊其词。

（6）谦虚谨慎：谦虚谨慎是科技工作者必备的品格。对于别人提出的问题、质疑和批评意见，或者不同学术见解的争辩，都要认真考虑，并加以分析研究，决不能故步自封。

基础知识十一　电缆线槽安装要求及规范指导

电缆线槽作为布线工程的一个配套项目，目前尚无专门的规范指导，个别生产厂家的规格程式缺乏通用性。因此，设计选型时应根据弱电各个系统线缆的类型、数量，合理选定适用的线槽。

一、线槽安装的步骤

1. 确定方向

根据建筑平面布置图，结合空调管线和电气管线等设置情况、方便维修，以及电缆路由的疏密来确定电缆线槽的最佳路径。在室内，尽可能沿建筑物的墙、柱、梁及楼板架设，如先许利用综合管廊架设时，则应在管道一侧或上方平行架设，并考虑引下线和分支线尽量避免交叉；如无其他管架借用，则需自设立（支）柱。

2. 荷载计算

计算电缆线槽主干线纵断面上单位长度的电缆重量。

3. 确定线槽的宽度

根据布放电缆条数、电缆直径及电缆的间距来确定电缆线槽的型号、规格，托臂的长度，支柱的长度、间距，线槽的宽度和层数。

4. 确定安装方式

根据场所的设置条件确定线槽的固定方式，选择悬吊式、直立式、侧壁式或是混合式，连接件和紧固件一般是配套供应的，此外，根据线槽结构选择相应的盖板。

5. 绘出电缆线槽平、剖面图，局部部位还应绘出空间图，开列材料表

二、电缆线槽布设要求

（1）槽式大跨距电缆线槽由室外进入建筑物内时，线槽向外的坡度不得小于1/100。

（2）电缆线槽与用电设备交越时，其间的净距不小于 0.5 m。

（3）两组电缆线槽在同一高度平行敷设时，其间净距不小于 0.6m。

（4）在平行图上绘出线槽的路径，要注明线槽起点、终点、拐弯点、分支点及升降点的坐标或定位尺寸、标高，如能绘制线槽敷设轴侧图，则材料统计将更精确。

直线段：注明全长、线槽层数、标高、型号及规格。拐弯点和分支点：注明所用转弯接板的型号及规格。升降段：注明标高变化，也可用局部大样图或剖面图表示。

（5）线槽支撑点，如立柱、托臂或非标准支、构架的间距、安装方式、型号规格、标高，可同时在平面上列表说明，也可分段标出用不同的剖面图、单线图或大样图表示。

（6）电缆引下点位置及引下方式。一般而言，大批电缆引下可用垂直弯接板和垂直引上架，少量电缆引下可用导板或引管，注明引下方式即可。

（7）电缆线槽宜高出地面 2.2 m 以上，线槽顶部距顶棚或其他障碍物不应小于 0.3 m，线槽宽度不宜小于 0.1 m，线槽内横断面的填充率不应超过 50%。

（8）电缆线槽内缆线垂直敷设时，在缆线的上端和每间隔 1.5 m 处应固定在线槽的支架上，水平敷设时，在缆线的首、尾、转弯及每间隔 3~5 m 处进行固定。

（9）在吊顶内设置时，槽盖开启面应保持 80 mm 的垂直净空。

（10）布放在线槽的缆线可以不绑扎，槽内缆线应顺直，槽内缆线应顺直，尽量不交叉，缆线不应溢出线槽，在缆线进出线槽部位，转弯处应绑扎固定。垂直线槽布放缆线应每间隔 1.5 m 固定在缆线支架上。

（11）在水平、垂直线槽和垂直线槽中敷设线时，应对缆线进行绑扎。4 对线电缆以 24 根为束，25 对或以上主干线电缆、光缆及其他信号电缆应根据缆线的类型、缆径、缆线芯数分束绑扎。绑扎间距不宜大于 1.5 m，扣间距应均匀，松紧适度。

（12）线槽水平敷设时，支撑间距一般为 1.5~3 m，垂直敷设时固定在建筑物构体上的间距宜小于 2m。

（13）如与电力电缆线槽合用时，应将电力电缆和弱电电缆各直一侧，中间采用隔板分隔。

（14）弱电电缆与其他低电压电缆合用线槽时，应严格执行选择具有外屏蔽层的弱电电缆，避免相互间的干扰。

三、电缆线槽形式及品种的选择及铺设规范

1. 电缆线槽形式及品种的选择

（1）需屏蔽电气干扰的电缆网络或有防护外部（如：有腐蚀液体，易燃粉尘等环境）影响的要求时，应选用（FB）类槽式复合型防腐屏蔽电缆线槽（带盖）。

（2）强腐蚀性环境应采用（F）类复合环氧树脂防腐阻燃型电缆线槽。托臂、支架也要选用同样材料，提高线槽及附件的使用寿命，电缆线槽。在容易积灰和其他需遮盖的环境或户外场所宜加盖板。

（3）除上述情况外，可根据现场环境及技术要求选用托盘式、槽式、梯级式、玻璃防腐阻燃电缆线槽或钢质普通型线槽。在容易积灰和其他需遮盖的环境或户外场所宜加盖板。

（4）在公共通道或户外跨越道路段，底层梯级的底部宜加垫板或在该段使用托盘。大跨距跨越公共通道时，可根据用户要求提高线槽的载荷能力或选用桁架。

（5）大跨距（≥3m）要选用复合型线槽（FB）。

（6）户外使用要选用复合环氧树脂线槽（F）。

管 线 敷 设

2. 电缆线槽规格选择

（1）复合环氧树脂电缆线槽的宽度和高度按以下标准选择，并应符合电缆填充率不超过有关标准规范的规定值。

① 动力电缆可取 40%~50%；
② 控制电缆可取 50%~70%；
③ 另外需预留 10%~25% 的发展余量。

（2）各种弯通及附件规格应符合工程布置条件并与线槽相配套。
（3）支、吊架规格的选择，应按线槽规格、层数、跨距等条件配置。并应满足荷载的要求。
（4）线槽横截面面积流值式整定值决定具体情况见附表 11-1。

附表 11-1 线槽横截面选择

序号	线槽上电缆网络中任一线路的最大自动过电流保护的额定电流值或整定值/A	线槽横截面充许最小值/mm²
1	0~60	129
2	61~100	258
3	101~200	452
4	201~400	645
5	401~600	968

3. 对于电缆线槽的支、吊架的配置

（1）户内支、吊短跨距一般采取 1.5~3 m。户外立柱中跨距一般采取 6 m。
（2）非直线段的支、吊架配置就遵循以下原则。当线槽宽度<300 mm 时，应在距非直线段与直线结合处 300~600 m 的直线段侧设置一个支、吊架。当线槽宽度>300 mm 时，除符合下述条件外，在非直线段中部还应增设一个支、吊架。
（3）拉挤玻璃钢电缆线槽多层设置时，层间中心距为 200 mm, 250 mm, 300 mm, 350 mm。
（4）线槽直线段每隔 50 m 应予留伸缩缝 20~30 mm（金属线槽）。

4. 防 火

要求线槽防火的区段，线槽必须采用钢或不燃、阻燃材料制造。

5. 接 地

（1）线槽系统应具有可靠的电气连接并接地（只对金属线槽）。
（2）当允许利用线槽系统构成接地干线回路时应符合下列要求。线槽端部之间的连接电阻应不大于 0.000 33 Ω，接地孔应清除绝缘涂层。在 1 kV 及以下中性点直接接地系统中，受电设备的接地与系统中性线接地相连。装有自动切断供电装置时，线槽的金属横截面面积应不小于规定值。
（3）沿线槽全长另敷设接地干线时，每段（包括非直线段）线槽应至少有一点与接地干线可靠连接。
（4）用于振动场所时，在接地部位的连接处应安装弹簧垫圈。

6. 线槽系统设计内容

线槽系统工程设计应与土建、工艺以及有关专业密切相配合以确定最佳布置，其设计内容可含有：
（1）线槽系统的有关剖面图。

（2）线槽系统的平面布置图。

（3）线槽系统所需直线段、弯通、支、吊架规格和数量的明细表以及必要的说明。

（4）有特殊要求的非标件技术说明或示意图。

7. 安　装

电缆线槽的安装请参照中国建筑标准设计研究院所发行的 JSJT-121 全国通用建筑标准设计——电气装置标准图集《电缆线槽安装》。

8. 设计要求

（1）线槽系统的路径平面布置图。

（2）线槽系统的有关断面图。

（3）线槽系统所用防腐材质及所需直通、弯通、支（吊）架等的规格和数量明细表以及必要的说明，连接板及螺丝、防护帽按以上要求由生产厂家配齐。

（4）有特殊要求的非标准技术说明或示图。

四、线槽安装要求

1. 安装要求

（1）线槽应平整，无扭曲变形，内壁无毛刺，各种附件齐全（见附图 11-1）。

（2）线槽的接口应平整，接缝处应紧密平直。槽盖装上后应平整，无翘角，出线口的位置准确。

（3）在吊顶内敷设时，如果吊顶无法上人时应留有检修孔。

（4）不允许将穿过墙壁的线槽与墙上的孔洞一起抹死。

（5）线槽的所有非导电部分的铁件均应相互连接和跨接，使之成为一连续导体，并做好整体接地。

（6）当线槽的底板对地距离低于 2.4 m 时，线槽本身和线槽盖板均必须加装保护地线。2.4 m 以上的线槽盖板可不加保护地线。

（7）线槽经过建筑物的变形缝（伸缩缝、沉降缝）时，线槽本身应断开，槽内用内连接板搭接，不需固定。保护地线和槽内导线均应留有补偿余量。

（8）敷设在竖井、吊顶、通道、夹层及设备层等处的线槽在符合《建筑设计防火规范》（GB 50016—2014）的有关防火要求。

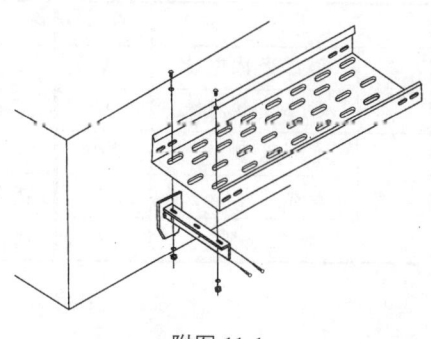

附图 11-1

2. 线槽敷设安装

（1）线槽直线段连接应采用连接板，用垫圈、弹簧垫圈、螺母紧固，接茬处应缝隙严密平齐。

管线敷设

（2）线槽进行交叉、转弯、丁字连接时，应采用单通、二通、三通、四通或平面二通、平面三通等进行变通连接。

3. 线槽内保护地线安装

金属线槽的宽度在100 mm以内（含100 mm），两段线槽用连接板连接处（即连接板做地线时），每端螺丝固定点不少于4个；宽度在200 mm以内（含200 mm）两端线槽用连接板连接的保护地线每端螺丝固定点不少于6个。

4. 金属膨胀螺栓安装要求：

（1）金属膨胀螺栓适用于现浇混凝土及实心砖墙上，不适用于空心砖墙。
（2）钻孔直径的误差不得超过+0.5 mm～-0.3 mm；深度误差不得超过+3 mm；钻孔后应将孔内残存的碎屑清除干净。
（3）螺栓固定后，其头部偏斜值不应大于2 mm。
（4）螺栓及套管的质量应符合产品的技术条件。

5. 金属膨胀螺栓安装方法

（1）首先沿着墙壁或顶板根据设计图进行弹线定位，标出固定点的位置。
（2）根据支架或吊架承受的荷重，选择相应的金属膨胀螺栓及钻头，所选钻头长度应大于套管长度。
（3）打孔的深度应以将套管全部插入墙体或顶板内后，表面平齐为宜。
（4）应先清除干净打好的孔洞内的碎屑，然后再用木槌或垫上木块后，用铁锤将膨胀螺栓敲进洞内，应保证套管与建筑物表面平齐，螺栓端部外露，敲击时不得损伤螺栓的丝扣。
（5）埋好螺栓后，可用螺母配上相应的垫圈将支架或吊架直接固定在金属膨胀螺栓上。

基础知识十二　导线类型、特性及用途

导线是用作电线电缆的材料，一般由铜或铝制成，也有用银线所制（导电、热性好），用来疏导电流或者是导热。导线的分类及代号见附表12-1。

附表12-1　导线的分类及代号

	分类	代号		分类	代号		分类	代号
用途	固定布线用电缆	B	材料	绝缘聚氯乙烯	V	结构	编织屏蔽型	P
	连接用软电线	R		护套聚氯乙烯	V		缠绕屏蔽型	P1
	安装用电线	A		圆型	省略		软结构	R
材料	铜导体	省略	结构	扁型（平型）	B	耐热特性	70℃	省略
	铝导体	L		双绞型	S		90℃	90

1. BV线类型

BV线又分为ZR-BV和NH-BV两类。
ZR-BV：铜芯聚氯乙烯绝缘阻燃电线，绝缘料加有阻燃剂，离开明火不自燃。
NH-BV：铜芯聚氯乙烯绝缘耐火电线，正常着火情况下还可以正常使用。

2. BV 线用途

一般适用于交流电压 450/750 V 及以下的动力装置、日用电器、仪表及电信设备用的电缆电线。

3. BV 线的特性

具有抗酸碱、耐油性、防潮、防霉等特性。

4. 电线型号及名称

（1）分类和用途是用来分布电流用的，属于布电线类，用字母"B"表示；
（2）导体材料是铜，用字母"T"表示，布电线中铜芯导体省略表示；
（3）绝缘材料为聚氯乙烯，用字母"V"表示；
（4）布电线结构简单，除上面三条，有的还有护套。护套材料为聚氯乙烯也用字母"V"表示；护套材料为橡胶就用字母"X"表示。如 BVV 表示铜芯聚氯乙烯绝缘聚氯乙烯护套圆型电线。

5. 载流量

在规定条件下，导体能够连续承载而不致使其稳定温度超过规定值的最大电流。载流量与导体的布置方式，环境温度，绝缘材料等有关。铜导线的安全载流量是根据所允许的线芯最高温度、冷却条件、敷设条件来确定的。一般铜导线的安全载流量为 $5\sim8A/mm^2$，铝导线的安全载流量为 $3\sim5A/mm^2$。

该方法是电工常用导线载流量的经验算法，不是严格意义上的准确计算。

如果室内选用 $6\ mm^2$ 以下的铜线，每 mm^2 电流不超过 10 A 就是安全的，从这个角度讲，你可以选择 $1.5\ mm^2$ 的铜线或 $2.5\ mm^2$ 的铝线。

10 m 内，导线电流密度 $6\ A/mm^2$ 比较合适，$10\sim50$ m，$3\ A/mm^2$，$50\sim200$ m，$2\ A/mm^2$，500 m 以上要小于 $1\ A/mm^2$。从这个角度讲，如果不是很远的情况下，可以选择 $4\ mm^2$ 铜线或者 $6\ mm^2$ 铝线。

导线的阻抗与其长度成正比，与其线径成反比。选择导线时，特别注意输入与输出导线的线材与线径，以防止电流过大使导线过热而造成事故。

若导线穿管敷设，穿管 2 根，载流量按 8 折计算；穿管 3 根，载流量按 7 折计算；穿管 7 根，载流量按 6 折计算。

注：如果是铝线，线径要取铜线的 1.5~2 倍。

基础知识十三　配电线路管内敷设

步骤 1　选择导线：各回路的导线应严格按照设计图纸选择型号规格，相线、零线及保护地线应加以区分，用黄、绿、红导线分别作 A、B、C 相线，黄绿双色线作接地线，蓝线作 N 线见附表 13-1 和附图 13-1。

附表 13-1　常见电路的导线选择

电路种类		导线颜色
一般 AC 电路		①白 ②灰
AC 电源线	相线 A	黄
	相线 B	绿
	相线 C	红
	工作零线	淡蓝
	保护零线	黄绿双色
DC 线路	GND -	①红 ②棕 ③黄 ①黑 ②紫 ①蓝 ②白底青纹

管线敷设

附图 13-1 导线颜色

步骤 2　穿带线：本工序的目的是检查管路是否畅通，管路的走向及盒、箱质量是否符合设计及施工图要求。带线采用 $\varphi 2\,mm$ 的钢丝，先将钢丝的一端弯成不封口的圆圈，再利用穿线器将带线穿入管路内，在管路的两端应留有 10～15 cm 的余量（在管路较长或转弯多时，可以在敷设管路的同时将带线一并穿好）。当穿带线受阻时，可用两根钢丝分别穿入管路的两端，同时搅动，使两根钢丝的端头互相钩绞在一起，然后将带线拉出（见附图 13-2）。

附图 13-2　穿带线

步骤 3　清扫管路：配管完毕后，在穿线之前，必须对所有的管路进行清扫。

步骤 4　导线与带线的绑扎：当导线根数较少时，可将导线前端的绝缘层削去，然后将线芯直接插入带线的盘圈内并折回压实，绑扎牢固；当导线根数较多或导线截面较大时，可将导线前端的绝缘层削去，然后将线芯斜错排列在带线上，用绑线缠绕绑扎牢固。

步骤 5　管内穿线：在穿线前，应检查钢管（电线管）各个管口的护口是否齐全，如有遗漏和破损，均应补齐和更换。穿线时应注意以下事项：

附图 13-3　穿线

（1）同一交流回路的导线必须穿在同一管内。

（2）不同回路，不同电压和交流与直流的导线，不得穿入同一管内。

（3）导线在变形缝处，补偿装置应活动自如，导线应留有一定的余量。

（4）若弯头过多或管路过长使导线因阻力增大而导致放线受阻，可在管内吹入云母粉或滑石粉，但不能使用油脂或石墨粉。

步骤 6　放线及断线：放线前应根据设计图对导线的规格、型号进行核对，放线时导线应置于放线架或放线车上，不能将导线在地上随意拖拉，更不能野蛮使力，以防损坏绝缘层或拉断线芯（见附图13-4）。

剪断导线时，导线的预留长度按以下情况予以考虑：接线盒、开关盒、插销盒及灯头盒内导线的预留长度为 15 cm；配电箱内导线的预留长度为配电箱箱体周长的 1/2；干线在分支处，可不剪断导线而直接作分支接头（见附图13-5）。

附图 13-4　放线

附图 13-5　断线

步骤 7　导线连接：导线连接应满足以下要求：导线接头不能增加电阻值；受力导线不能降低原机械强度；不能降低原绝缘强度。为了满足上述要求，在导线做电气连接时，必须先削掉绝缘再进行连接，多股线需搪锡或压接，包缠绳丝（见附图 13-6）。单股导线（1.5~6 mm²）建议采用具有成熟工艺的压接法，但压接帽的选择必须按照产品说明书进行。

附图 13-6　导线连接

步骤 8　导线包扎：首先用橡胶绝缘带从导线接头处始端的完好绝缘层开始，缠绕 1~2 个绝缘带宽度，再以半幅宽度重叠进行缠绕。在包扎过程中应尽可能地收紧绝缘带（一般将橡胶绝缘带拉长 2 倍后再进行缠绕）。而后在绝缘层上缠绕 1~2 圈后进行回缠，最后用胶布包扎，包扎时要搭接好，以半幅宽度边压边进行缠绕（见附图 13-7）。

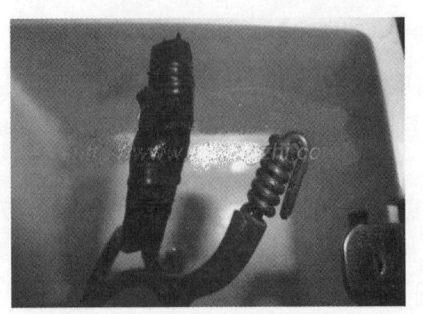

附图 13-7　导线包扎

步骤 9　挂标志牌（见附图 13-8）：

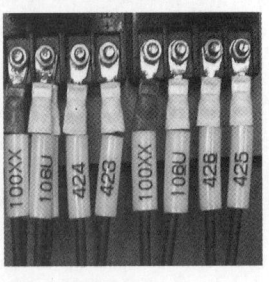

附图 13-8　标志牌

（1）标志牌规格应一致，并有防腐功能，挂装应牢固。

（2）标志牌上应注明回路编号、电缆编号、规格、型号及电压等级和敷设日期。

（3）沿桥架敷设电缆在其两端、拐弯处、交叉处应挂标志牌，直线段应适当增设标志牌，每 2 m 挂一标志牌，施工完毕做好成品保护。

步骤 10　线路检查及绝缘检测：接、焊、包全部完成后，应进行自检和互检；检查导线接、焊、包是否符合设计要求及有关施工验收规范及质量验收标准的规定，不符合规定的应立即纠正，检查无误后方可进行绝缘检测。导线线路的绝缘检测一般选用 500 V 摇表，摇动速度应保持在 120 r/min 左右，读数应采用 1 min 后的读数。

基础知识十四　万用表的使用方法

一、指针式万用表

MF-47 型万用表的读数刻度盘如附图 14-1 所示。

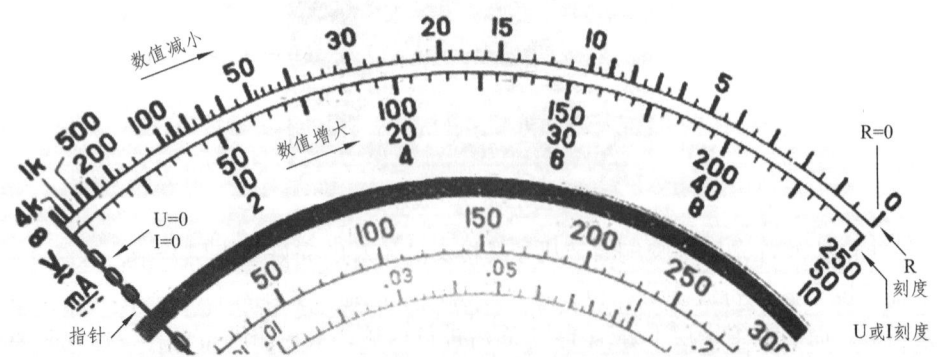

附图 14-1　MF-47 型万用表刻度盘

（1）电阻值的读数。电阻值的刻度位于刻度盘的最上层，用"Ω"表示，测量电阻值时只需要看最上层刻度即可，在待测状态，指针停在最左边，此时读数为无穷大，用符号"∞"表示。实际测量电阻时，指针会往右发生偏转，偏转的摆幅越大说明电阻值越小，若摆到最右边指着"0"位置，表示电阻值 $R=0$，即短路（直接连通）状态。

（2）电压或电流的读数。电压或电流的刻度位于刻度盘的第二层，平均分成 5 个等份，在待测状态，指针停在最左边，此时读数为"0"，表示没有检测到电压或者电流。实际测量时，指针会往右发生偏转，偏转的摆幅越大说明电压（电流）的数值越大。

值得留意的是

（1）电阻刻度是不均匀的，电压（电流）刻度是均匀的，且两个刻度数值方向相反。

（2）不管是测量电压、电流还是电阻，在测量时均要避免让手接触到被测电路。

二、数字式万用表（见附图 14-2）

从表面上来看，数字式万用表与指针式万用表并没有很大的区别，只是用液晶显示屏代替了指针式万用表的刻度盘，使得读数更直观准确了。但两种万用表的使用方法还是存在一些区别。

（1）数字万用表没有机械调零，也没有电阻调零旋钮，在测量电阻值时，不用进行调零操作。但在每次测量电阻值之前同样要求先将表笔短接，验证一下短路电阻值，一般短接表笔时屏幕显示的电阻值应该小于 0.03 Ω，否则测量数据将有较大偏差。

（2）指针式万用表测量电阻时，表内电池的电流是从黑表笔流出万用表，数字式万用表测量电阻时，表内电池的电流是从红表笔流出万用表，在电子技术模块中，我们会学习用万用表测量半导体器件，这时电流从哪根表笔流出是一个很关键的引导问题。

（3）数字万用表一般会有些特殊的测试挡位，例如：增加了粗略判断电路"通断"的挡位，用符号"•‖"表示，使用这个挡位时，测试者一般不用看屏幕显示的数值，只要听到万用表发出蜂鸣声即

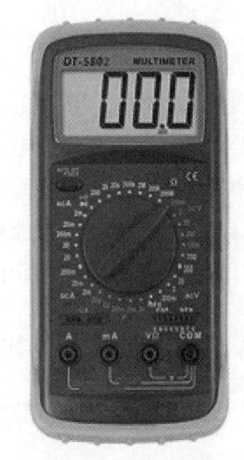

附图 14-2　数字式万用表

可大致判断为电路是"通的"，没有声响即为"断开的"；还有专用于测量半导体器件的挡位，用二极管的符号"▶｜"表示；还有的数字万用表能测量电容器的容量等。

（4）数字万用表的测量精度比较高，例如：用 20 V 挡测量一个约为 5 V 的直流电压，可能显示为 4.98 V、4.99 V、5.01 V，精确度达到 0.01 V，指针式万用表是无法达到这个精确度的。用数字式万用表的 100 mV 挡可以测量到一个毫伏级的电压值。

三、万用表的使用

1. 电压的测量

如果确定待测的电压是交流而不是直流，则在交流电压挡位中选择合适的量程，具体方法与直流电压的测量相似，不同的是交流电压的测量不分方向，两支表笔可以任意连接两个测试点。

测量电压时，将万用表本身电阻看作无穷大，因此万用表并联到电路上对电路的影响很小，一般忽略不计（将万用表看作开路线）（见附图 14-3）。

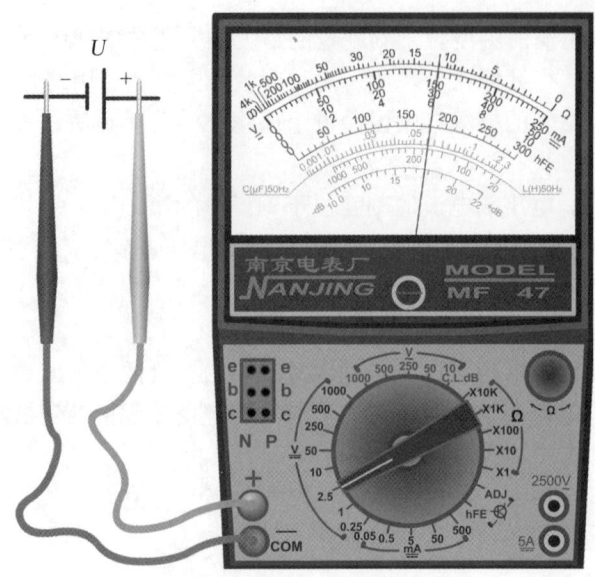

附图 14-3　电压测量

2. 电流的测量

实际应用中，用万用表测量电流的情况并不经常发生，原因是测量电流时万用表必须与电路串联，即需要切断原来的待测电路将万用表串联进去，这在很多时候会破坏电路。正因为测量电流时仪表与电路串联，所以测量电流时万用表的内阻必须很小，一般也忽略不计（将万用表看作短路线）。

具体测量方法与直流电压的测量类似，也是先估算实际电流数值，然后选择稍大的量程，同样要注意红表笔接高电位，让待测电流从红表笔流入万用表再从黑表笔流出。

3. 电阻的测量（见附图 14-4）

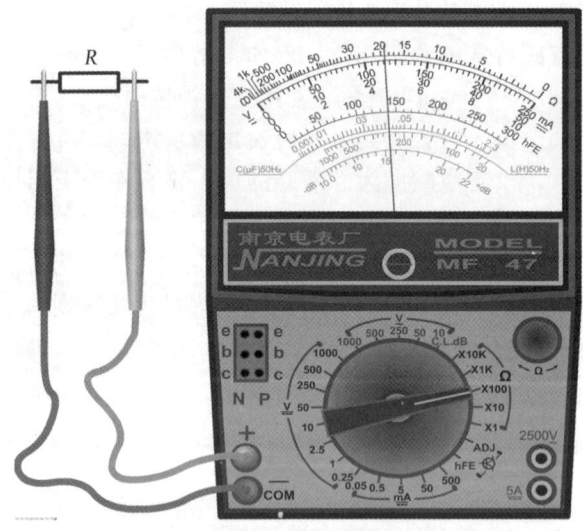

附图 14-4　电阻测量

电阻的测量与电压测量主要存在以下区别：

（1）测量电阻时，表笔不用区分颜色，因为电阻无方向性（用电阻挡测量半导体器件时例外）。

（2）每次测量电阻前要进行电阻调零，方法是将两支表笔短接在一起，如附图 14-5 所示，这时的短路电阻应该为零，即指针要摆到最右边指向"0"位。否则调节刻度盘右下角的"电阻调零旋钮"使之为零，这个步骤在每次测量电阻前都要进行。

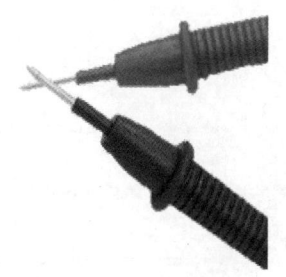

附图 14-5　表笔短接

（3）电阻的量程上标注的不是"满刻度值"，而是倍乘率，例如"×10"挡，表示实际电阻值 = 指针所指数值×10。

基础知识十五　线缆敷设验收项目及方法

（1）线缆布放时路径和规格与设计相符，标志清楚完好。线缆无破损扭曲，拐角处弯曲顺滑，线缆不受力。转接盒、单元机柜内线缆预留长度足够保证操作余量并且不影响设备安装。

（2）管材规格型号符合设计要求，并符合设计穿缆数量的管径要求，安装时贴墙靠脚、固定牢靠、平直清洁、配件齐全，连接处无毛刺缝隙，固定密度应保证管槽线缆不下垂歪斜。入户接盒大小适中，符合设计、施工要求（不得使用四通充当转接盒）安装应牢固、合理、方正美观，位置便于入户，一般距入户处小于等于 2 m。

（3）单元箱安装位置合理，竖直牢固、清洁美观，无伤痕、污染。箱内配线整齐，设备固定牢靠，绑扎有序，编号与图纸和钥匙相符。

（4）线缆布放：线缆布放时应注意有无进水隐患，要适当设置回水弯。线缆在打孔入楼、楼内布放、墙壁拐角、光/电箱箱体、其他线缆、树木等晃动物体以及其他有可能与线缆发生摩擦或损坏线缆的物体接触的位置应套 PVC 管保护。

（5）电源引接：楼道机箱引电时应使用单芯线径不低于 1.0 mm² 的三芯护套线作为电源引接线使用，不得有接头，不能用接线板接续。

（6）垂直路径：原则上必须完成垂直路径的相应施工。

（7）室外交接箱施工归为红线内施工，有条件的应做防雷接地，接地电阻小于等于 20 Ω。

（8）布线工程不能影响房屋建筑结构强度，不影响内部装修美观要求，不降低其他系统功能和妨碍用户通道通畅。

基础知识十六　信号线缆结构及特点

一、双绞线

双绞线由两条有绝缘外皮包覆的铀线相互缠绕在一起，我们将这两条对绞的线称为一个线对。这是双绞线最基本的度量单位。

市场上广泛出现的一般是每条双绞线由 4 对绞线组成，分别用橙、蓝、绿、棕 4 种颜色标出（具体来说是橙、白橙、蓝、白蓝、绿、白绿、棕、白棕 8 种颜色），也就是有 8 条铜线。其外形如附图

16-1 所示。

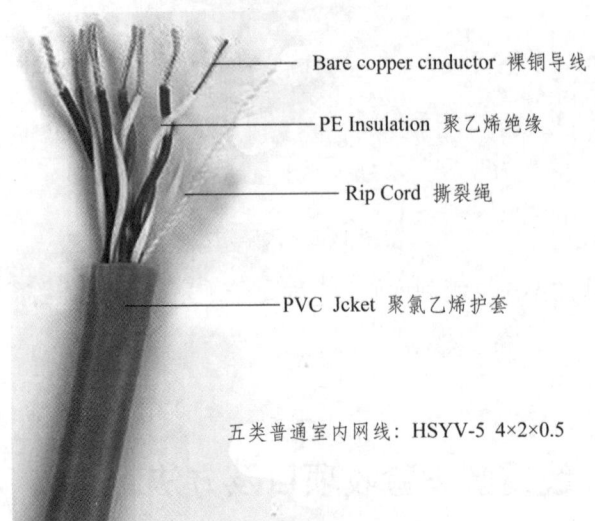

附图 16-1　五类双绞线

由于市场上广泛应用了非屏蔽双绞线 UTP，所以美国电子工业协会与远端通信协会（EIA/TIA）制订 UTP 电缆的"电缆等级"规定它们主要的差别在于缠绕的绞距，通常两条线缠绕得越密，代表绞距越小，传输性能也越好。

1 类线：铜线没有缠绕，只能传送声音，不能传送数据。
2 类线：无缠绕，可传送数据。最大传输速率为 4 Mbps。
3 类线：铜线每分米缠绕 1 次，早期市场最常用，最大传输速率为 10 Mbps。
4 类线：是一种过渡型线材，市场不多见，最大传输速率为 16 Mbps。
5 类线：最大传输速率为 100 Mbps。
超 5 类线：迎合千兆网的出现而出现的新的线材。
6 类线：新一代高速率线材，估计在今年底会通过标准议案。

二、同轴电缆

1. 基本信息

同轴电缆从用途上分可分为基带同轴电缆和宽带同轴电缆（即网络同轴电缆和视频同轴电缆）。基带电缆又分细同轴电缆和粗同轴电缆。基带电缆仅仅用于数字传输，传输数据率可达 10 Mbps。

常用的同轴电缆有两类：50Ω 基带电缆和 75Ω 宽带电缆。75Ω 同轴电缆常用于 CATV 网，故称为 CATV 电缆，传输带宽可达 1 GHz，目前常用 CATV 电缆的传输带宽为 750 MHz。50Ω 同轴电缆主要用于基带信号传输，传输带宽为 1～20 MHz，总线型以太网就是使用的 50Ω 同轴电缆，在以太网中，50Ω 细同轴电缆的最大传输距离为 185 m，粗同轴电缆可达 1 000 m。

2. 分类介绍

（1）细同轴电缆，代号为 RG58，这个代号常常印制在线外面的塑料表皮上。它的规格如下：

线宽：0.26 cm。
最大传输距离：185 m。
阻抗：50 Ω。

特点：RG58 电缆较细、弹性好、容易安装，而且连接方式非常简单，但它的传输距离比较短，超过 185 m 后信号就会开始衰减，必须使用一些专用的设备（如中继器）来增强信号，但它的线材及连接成本均相当便宜，因此常用于室内的小型局域网架设。

（2）粗同轴电缆代号为 RG11。它的规格如下：

线宽：1.27 cm

最大传输距离：500 m

阻抗：50 Ω

特点：线较粗，因此弹性较差，而且制作方式较为复杂，在室内安装时会遇到麻烦；但它的最大传输距离远远大于 RG58，可以达到点 1000 m，常用于主干或建筑间连接。但要说明的是，由于网络技术的不断进步，这种电缆仅能提供 10 Mbps 的速度，逐渐被速度更快的光纤代替。

3. 工作原理

同轴电缆传导交流电而非直流电，也就是说每秒钟会有好几次的电流方向发生逆转。如果使用一般电线传输高频率电流，这种电线就会相当于一根向外发射无线电的天线，这种效应损耗了信号的功率，使得接收到的信号强度减小。同轴电缆解决了这个问题，中心电线发射出来的无线电被网状导电层所隔离，网状导电层可以通过接地的方式来控制发射出来的无线电（见附图 16-2）。

附图 16-2　同轴电缆的结构

4. 主要应用范围

同轴电缆常用于设备的支架连线、闭路电视（CCTV）、共用天线系统（MATV）以及彩色或单色射频监视器的转送。视频同轴电缆的特征电阻是 75 Ω，这个值不是随意选的。物理学证明了视频信号最优化的衰减特性发生在 77 Ω。在低功率应用中，材料及设计决定了电缆的最优阻抗为 75 Ω。标准视频同轴电缆既有实心导体也有多股导体的设计。建议在一些电缆要弯曲的应用中使用多股导体设计，如 CCTV 摄像机与托盘和支架装置的内部连接，或者是远程摄像机的传送电缆，还包括监控设备。

三、光　纤

光纤的材质以玻璃为主，通过光来传递信号。在实际应用中光纤常常是成捆地构成光缆以方便运用。它由下面几个部分组成：

表皮：它处于光缆的最外面，将一捆光纤包容在一块，起到较好的保护作用。

线芯：每条光纤都是由一条极细的玻璃丝构成，它是实际传输数据的媒介。

包覆：在每条光纤的线芯——细玻璃外层环绕有一层包覆玻璃，这层包覆的密度与线芯的密度不同，可造成光的全反射。

1. 光纤的性能特点

光纤与前面介绍的电缆完全不同，它不再是用电子信号来传输数据，而是使用光脉冲来传输信号，使它拥有电缆无法比拟的优点：

频带极宽：光纤拥有极宽的频带范围，以 GB 位作为度量。

抗干扰性强：由于光纤中传输的是光束，光束是不会受外界电磁干扰。

保密性强：由于光纤传输的是光束，所以本身不会向外辐射信号，有效地防止了窃听。

传输速度快：光纤是至今为止传输速度最快的传输介质，能轻松达到 1 000 Mbps。

传输距离长：它的衰减极小，在较大的范围内是一个常数，在许多情况下几乎可以忽略不计的，在这方面比电缆优越很多。

2. 多模光纤与单模光纤（见附图16-3）

光纤有单模光纤和多模光纤之分：

单模光纤采用窄芯线，使用激光作为发光源，所以其发散极小；另外激光是从一个方向射入光纤，而且仅有一束，其信号比较强，可以应用于高速度、长距离的领域中，但也使得单模光纤的成本相对更高。

而多模光纤则更广泛地应用于短距离或相对速度更低一些的领域中，它采用 LED 作为光源，使用宽芯线，所以其散射较大；再加上整个光纤内有以多个角度射入的光，所以其信号不如单模光纤好，但相对低的价格是它的优势。

（a）单模光缆　　　　　　　　　（b）多模光缆

附图 16-3　光缆

基础知识十七　信号线缆制作

一、双绞线的制作

1. RJ-45 连接器介绍

常用的非屏蔽双绞线有 8 芯，但是实际传输时候通常只用到 1、2、3、6 芯。双绞线两端通常使用 RJ-45 连接器（俗称水晶头，见附图 17-1）。

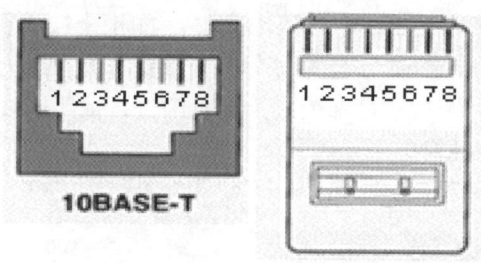

附图 17-1　RJ-45 连接头

RJ-45 接头脚位分析：1 为 RE+（接收+）；2 为 RE-（接收-）；3 为 TR+（传送+）；6 为 TR-（传送-）。

双绞线两端的 RJ-45 连接器中线的排列通常有两种接法，分别是 EIA/TIA 568A 标准和 EIA/TIA 568B 标准，如附表 17-1 所示。

附表 17-1　双绞线制作线序

脚　　位	1	2	3	4	5	6	7	8
T568A	白绿	绿	白橙	蓝	白蓝	橙	白棕	棕
T568B	白橙	橙	白绿	蓝	白蓝	绿	白棕	棕

如果不按照线序标准连接，虽然线路也能接通，但是线路内部各线对之间的干扰不能有效消除，从而导致信号传送出错率升高，最终影响网络整体性能。

2. 制作双绞线

（1）选线。选线也就是准确选择线缆的长度，至少 0.6 m，最多不超过 100 m。

（2）剥线。利用双绞线剥线/压线钳（或用专用剥线钳、剥线器及其他代用工具）将双绞线的外皮剥去 2~3 cm（见附图 17-2）。

（3）排线。按照 EIA/TIA 568A 或 EIA/TIA 568B 标准排列芯线，如附图 17-3 所示。

附图 17-2　剥线

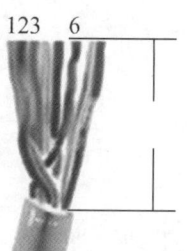
附图 17-3　排线

（4）剪线。在剪线过程中，需左手紧握已排好了的芯线，然后用剥线/压线钳剪齐芯线，总线外留长度不宜过长，通常在 1.2~1.4 cm 。

（5）插线。插线就是把剪齐后的双绞线插入水晶头的后端，如附图 17-4 所示。

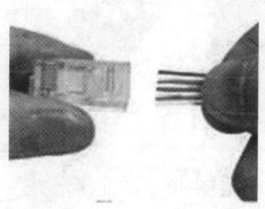
附图 17-4　插线

（6）压线。压线也就是利用剥线/压线钳挤压水晶头，如附图 17-5 所示。

（7）做另一线头。重复（2）~（6）步骤做好另一个线头，在操作过程同样要认真、仔细。

（8）测线。如果测试仪上 8 个指示灯都依次为绿色闪过，证明网线制作成功。还要注意测试仪两端指示灯亮的顺序是否与接线标准对应。

（9）完成效果如附图 17-6 所示。

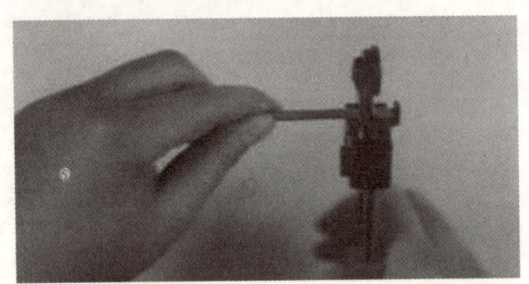

附图 17-5　压线

附图 17-6　完成效果

二、同轴电缆制作

同轴电缆的制作需在同轴电缆两端连接 BNC 接头。BNC 接头有压接式、组装式和焊接式三种。本任务完成压接式 BNC 接头制作，完整步骤如下：

（1）剥线。用同轴电缆专用剥线钳将细缆外皮剥除，露出芯线长约 3 mm，白色保护层约 4 mm，屏蔽层约 8 mm，不要割伤金属屏蔽线（见附图 17-7）。

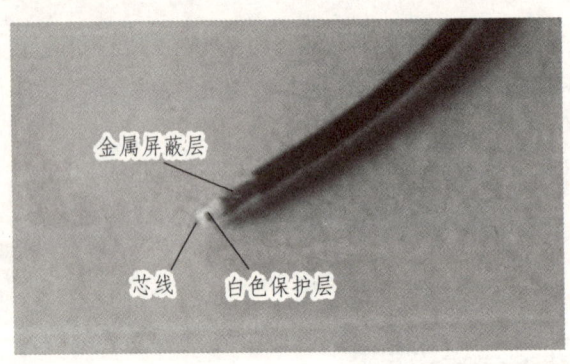

附图 17-7　剥线

（2）连接芯线。将探针套入网线的芯线上，要求芯线插入底部，然后再把套上探针的芯线插入到同轴电缆专用压线钳中间的探针小圆孔中，压紧，使探针与网线芯线紧连（见附图 17-8）。

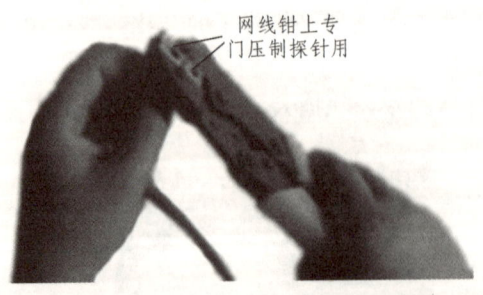

附图 17-8　连接芯线

（3）装配 BNC 接头。将 BNC 连接器金属套环套入压好镀金探针的细同轴电缆，然后再将网线连接探针的一端从 BNC 接头小的一端插入，要插到底部（见附图 17-9）。

（4）压线。把套在网线的金属套环推到网线与 BNC 连接器连接处，再把网线钳的六角缺口卡在确定好的套环位置上，紧握网线钳手柄，紧压，使网线与 BNC 连接器通过 BNC 金属套环紧紧连接起来（见附图 17-10）。压好后的金属套环呈六角形。

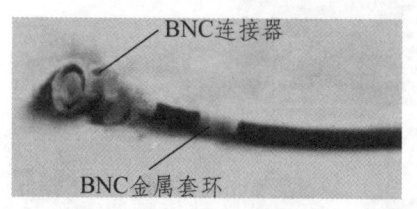

附图 17-9　装配 BNC 接头

附图 17-10　压线

（5）完成。电缆的一端制作完成，重复上面的步骤制作另一端的 BNC 接头。

如果要制作焊接式 BNC 接头，则需使用电烙铁，按前述方法剥线后，只需用电烙铁将芯线和屏蔽线焊接到 BNC 头的焊接点上，套上硬塑料绝缘套和软塑料尾套即可。

三、光纤的熔接

（1）开剥光缆，并将光缆固定到接续盒内。注意不要伤到管束，开剥长度取 1 m 左右，用卫生纸将油膏擦拭干净（见附图 17-11）。在固定多束管层式光缆时由于要分层盘纤，各束管应依序放置，以免缠绞。将光缆穿入接续盒，固定钢丝时一定要压紧，不能有松动。否则，有可能造成纤芯打滚。

（2）将光纤穿过热缩管。将不同管束、不同颜色的光纤分开，穿过热缩套管（见附图 17-12）。剥去涂抹层的光缆很脆弱，使用热缩套管可以保护光纤接头。

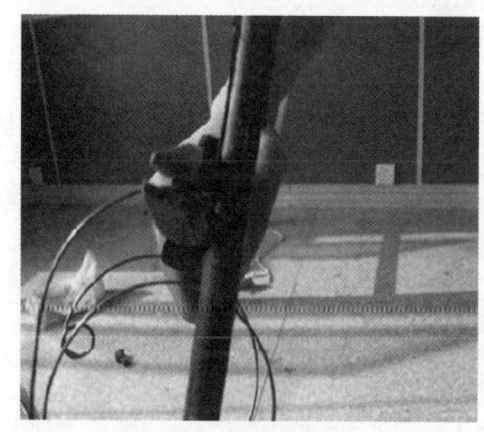

附图 17-11　剥光缆

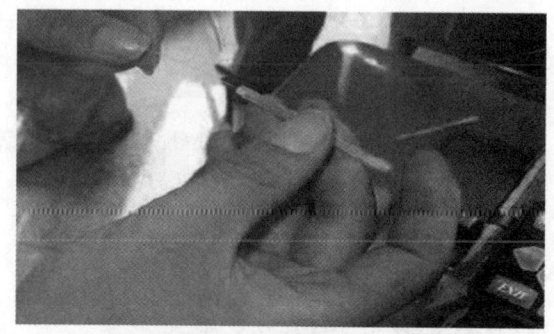

附图 17-12　穿热缩管

（3）打开熔接机电源，选择合适的熔接方式（见附图 17-13）。熔接机的供电电源有直流和交流两种，要根据供电电流的种类来合理开关。每次使用熔接机前，应使熔接机在熔接环境中放置至少 15 min。根据光纤类型设置熔接参数、预放电时间、时间及主放电时间、主放电时间等。如没有特殊情况，一般选择用自动熔接程序。在使用中和使用后要及时去除熔接机中的粉尘和光纤碎末。

附图 17-13　熔接机

（4）制作光纤端面。光纤端面制作的好坏将直接影响接续质量，所以在光纤熔接前一定要注意制作端面。首先将棉花撕成面平整的小块，粘少许酒精，夹住已经剥覆的光纤，顺光纤轴向擦拭，用力要适度，每次要使用棉花的不同部位和层面。然后，首先清洁切刀和调整切刀位置，切刀的摆放要平稳。最后切割时，动作要自然、平稳、勿重、勿轻、避免断纤、斜角、毛刺及裂痕等不良端面产生（见附图 17-14）。

附图 17-14　制作光纤端面

（5）放置光纤。将光纤放在熔接机的 V 形槽中，小心压上光纤压板和光纤夹具，要根据光纤切割长度设置光纤在压板中的位置，关上防风罩，按熔接键就可以自动完成熔接，在熔接机显示屏上会显示估算的损耗值（见附图 17-15）。

（6）移出光纤用熔接机加热炉加热，熔接就算完成了（见附图 17-16）。

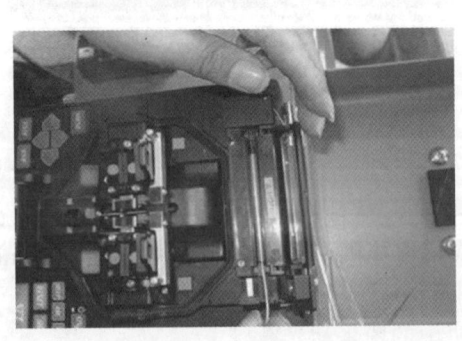

附图 17-15　熔接

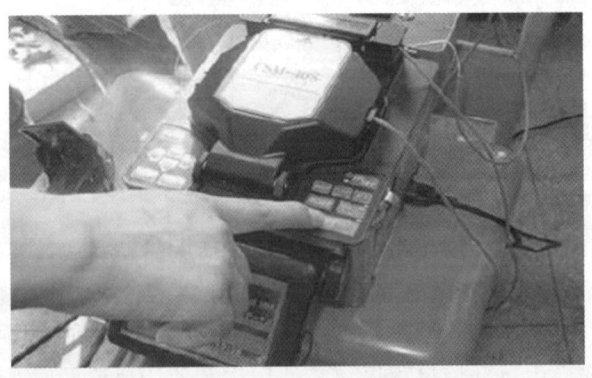

附图 17-16　完成

基础知识十八　网络模块的制作

一、需打线型 RJ45 信息模块安装

最普通的需打线工具打线的 RJ45 信息模块，前面插孔内有 8 芯线针触点分别对应着双绞线的 8 根线；后部两边分列 4 个打线柱，外壳为聚碳酸酯材料，打线柱内嵌有连接各线针的金属夹子；通用线序色标清晰注于模块两侧面上，分两排，A 排表示 T586A 线序模式，B 排表示 T586B 线序模式（见附图 18-1）。

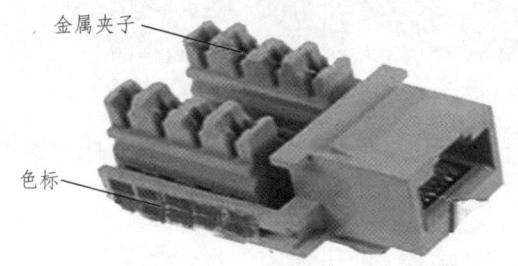

附图 18-1　需打线型 RJ45 信息模块

具体的制作步骤如下：

第一步：将双绞线从暗盒里抽，预留 40 cm 的线头，剪去多余的线。用剥线工具或压线钳的刀具在离线头 10 cm 长左右将双绞线的外包皮剥去，如附图 18-2 所示。

第二步：把剥开的双绞线线芯按线对分开，但先不要拆开各线对，只有在将相应线对预先压入打线柱时才拆开。按照信息模块上所指示的色标选择我们偏好的线序模式（注：在一个布线系统中最好只统一采用一种线序模式，否则接乱了，网络不通则很难查），将剥皮处与模块后端面平行，两手稍旋开绞线对，稍用力将导线压入相应的线槽内，如附图 18-3 所示。

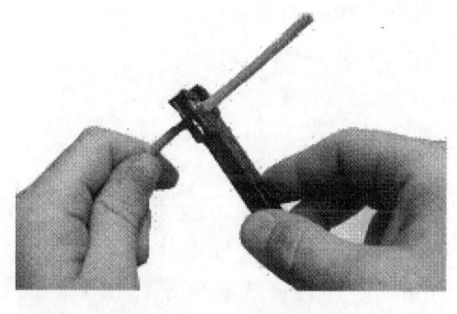

附图 18-2　剥外皮

附图 18-3　A 标打线法

第三步：全部线对都压入各槽位后，就可用 110 打线工具将一根根线芯进一步压入线槽中。

新买的刀具在冲击的同时，应能切掉多条的线芯，若不行，可冲击几次，并可以用手拧掉，如附图 18-4 所示。

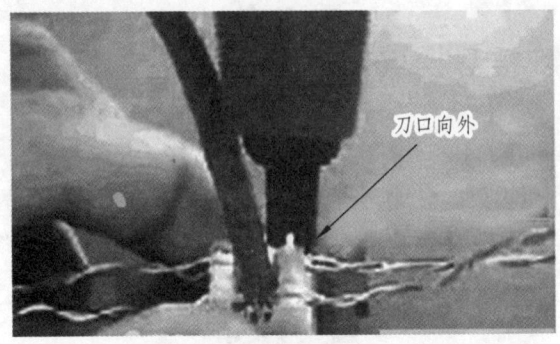

附图 18-4　压入线槽

第四步：将信息模块的塑料防尘片扣在打线柱上，并将打好线的模块扣入信息面板上。

二、免打线型 RJ45 信息模块安装

免打线型 RJ45 信息模块的设计能够无须打线工具而准确快速地完成端接。此种信息模块没有打线柱，而是在模块的里面有两排各 4 个的金属夹子，而锁扣机构集成在扣锁帽里，色标也标注在扣锁帽后端。端接时，用剪刀裁出约 4 cm 的线，按色标将线芯放进相应的槽位，扣上，再用钳子压一下扣锁帽即可（有些可以用手压下，并锁定）。扣锁帽确保铜线全部端接并防止滑动，扣锁帽多为透明，以方便观察线与金属夹子的咬合情况，如附图 18-5 所示。

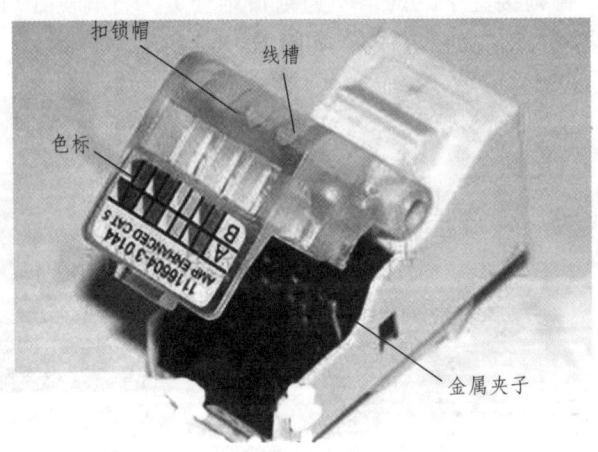

附图 18-5　免打线型 RJ45 信息模块

三、RJ45 水晶头压接

上面的信息模块我们按 T568A 标准打线，所以这里的水晶头也是按 T568A 标准压接。

将 5 类双绞线外皮剥掉 2 cm，绞开线对拉直，按 T568A 标准线序将各色线紧密平行在手上排列，再留约 1 cm，裁平线头。左手抓住水晶头，右手小心地将排好 T568A 标准线序的网线插入水晶头，注意水晶头里有槽位的，只容一条线芯通过，一线一槽才插得进去。右手要尽力插入，同时左右摇一

摇，让线芯插到尽头，并在尽头也平整。

线头是否插好可以从水晶头的端面看出，若能见到全部 8 根铜线的亮截面，说明已经插到尽头，否则抽出重来，并可能要再次修剪线头。当见到全部 8 根铜线的亮截面以后，就可以用 RJ45 压线工具压接即成，压接时，也要有意识的向钳子顶线，压接完后，还要再看一下 8 根铜线的亮截面是否还见到，见不到可能就是不成功（见附图 18-6）。

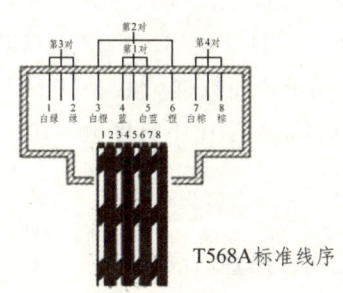
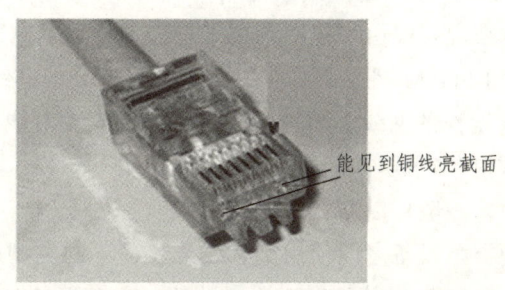

附图 18-6　RJ45 水晶头

局域网就是将单独的计算机或终端，利用网络相互连接起来，遵循一定的协议，进行信息交换，实现资源共享。网线常用的有：双绞线、同轴电缆、光纤等。双绞线可按其是否外加金属网丝套的屏蔽层而区分为屏蔽双绞线（STP）和非屏蔽双绞线（Unshielded Twisted pair, UTP）。从性价比和可维护性出发，大多数局域网使用非屏蔽双绞线作为布线的传输介质来组网，UTP 网线由一定长度的双绞线和 RJ45 水晶头组成。双绞线由 8 根不同颜色的线分成 4 对线绞合在一起，成对扭绞的作用是尽可能减少电磁辐射与外部电磁干扰的影响。

RJ45 水晶头由金属片和塑料构成，制作网线所需要的 RJ45 水晶接头前端有 8 个凹槽，简称"8P"（Position, 位置）。凹槽内的金属触点共有 8 个，简称"8C"（Contact, 触点），因此业界对此有"8P8C"的别称。特别需要注意的是 RJ45 水晶头引脚序号，当金属片面对我们的时候从左至右引脚序号是 1～8，序号对于网络连线非常重要，不能搞错。

四、线序简介

双绞线一般有三种线序：直通（Straight-through），交叉（Cross-over）和全反（Rolled）

（1）直通（Straight-through）线一般用来连接两个不同性质的接口。一般用于：PC to Switch/Hub，Router to Switch/Hub。直通线的做法就是使两端的线序相同，要么两头都是 568A 标准，要么两头都是 568B 标准。

（2）交叉（Cross-over）线一般用来连接两个性质相同的端口。比如：Switch to Switch，Switch to Hub，Hub to Hub，Host to Host，Host to Router。做法就是两端不同，一头做成 568A，一头做成 568B 就行了。

（3）全反（Rolled）线，不用于以太网的连接，主要用于主机的串口和路由器（或交换机）的 console 口连接的 console 线。一端的顺序是 1～8，另一端则是 8～1。

EIA／TIA 的布线标准中规定了两种双绞线的线序 568A 与 568B。

568A 标准：

绿白——1，绿——2，橙白——3，蓝——4，蓝白——5，橙——6，棕白——7，棕——8。

568B 标准：

橙白——1，橙——2，绿白——3，蓝——4，蓝白——5，绿——6，棕白——7，棕——8。

"橙白"是指浅橙色，或者白线上有橙色的色点或色条的线缆，绿白、棕白、蓝白亦同。

双绞线的顺序与RJ45头的引脚序号要一一对应。

为了保持最佳的兼容性，普遍采用EIA/TIA 568B标准来制作网线。注意：在整个网络布线中应该只采用一种网线标准。如果标准不统一，几个人共同工作时准会乱套；更严重的是施工过程中一旦出现线缆差错，在成捆的线缆中是很难查找和剔除的。笔者强烈建议统一采用568B标准。

实际上10M以太网的网线只使用1、2、3、6编号的芯线传递数据，即1、2用于发送，3、6用于接收，按颜色来说：橙白、橙两条用于发送；绿白、绿两条用于接收；4、5，7、8是双向线。

100 M和1 000 M网卡需要使用4对线，即8根芯线全部用于传递数据。由于10 M网卡能够使用按100 M方式制作的网线；而且双绞线又提供有4对线，所以日常生活中不再区分，10 M网卡一般也按100 M方式制作网线。

在实践中，一般可以这么理解：

（1）同种类型设备之间使用交叉线连接，不同类型设备之间使用直通线连接。

（2）路由器和PC属于DTE类型设备，交换机和HUB属于DCE类型设备。

（3）RJ45网络接头做法一般有568A和568B两种标准做法，按同一标准即直通线，不同标准即交叉线。

（4）不管如何接线，最后完成后用RJ45测线仪测试时，8个指示灯都应依次闪烁。

基础知识十九　信号线缆的测试

一、双绞线的验证

线缆验证作业应在工程施工过程中随工进行，以便及时发现问题和解决问题。使用功能完善的验证测试工具，是准确发现问题的关键。无论采用568A还是568B方式进行直通线端接，在同一工程中只允许出现一种接线图（网络设备用交叉线除外）。

在接线图故障中，开路（OPEN）、断路（SHORT）、错对（MISWIRE），由于直接影响电气连通性，是较容易判别的故障，但是分岔线对或称串绕（Split Pair）故障必须采用测量线对分布电容的方法才能鉴别（见附图19-1）。分岔线对导致本应在同一对双绞线上传输的正负电信号，分别在两个线对中传输。由于破坏了双绞线结构，会造成很大干扰，使网络传输性能下降。

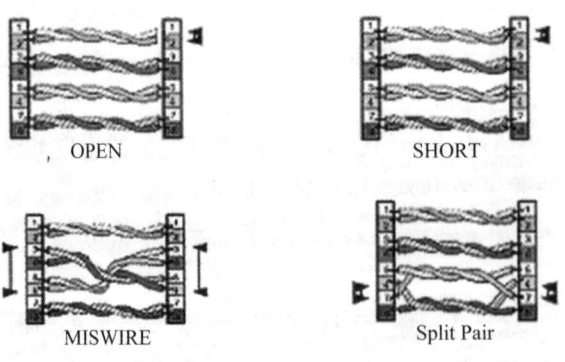

附图19-1　接线故障

二、同轴电缆的验证

铜缆验证工具中最好还能提供测量长度的功能，以便进行故障定位。如果仪器本身能提供主动测量方式，即：提供 PING 命令操作并能用于动态分配 IP 的网络应用的仪器，则验证作业更为全面。

附图 19-2 所示是美国 IDEAL 公司提供的部分电缆验证测试设备，从左至右，依次为 NAVITEK 主动式测试仪、VDV 多媒体线缆测试仪、LinkMaster Pro XL 验证测试仪和 LinkMaster Pro 验证测试仪。它们均能准确测量接线正误，并可作为音调发生器，除 VDV 多媒体线缆测试仪外，均可以电容方式测量长度，进行断点定位。

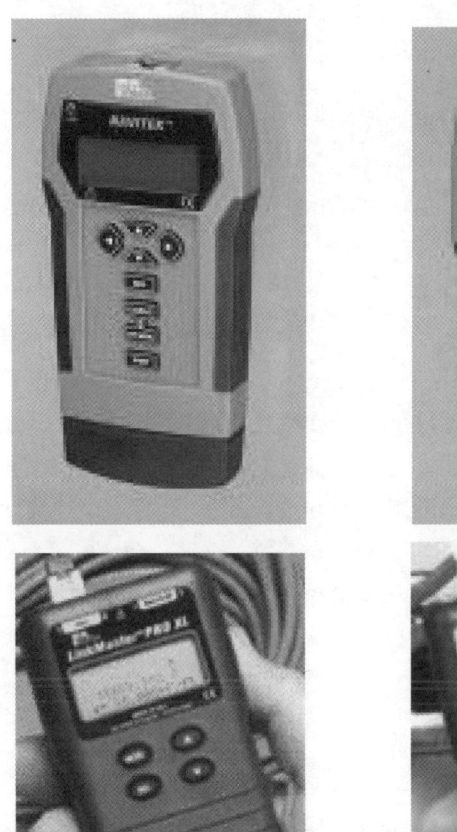

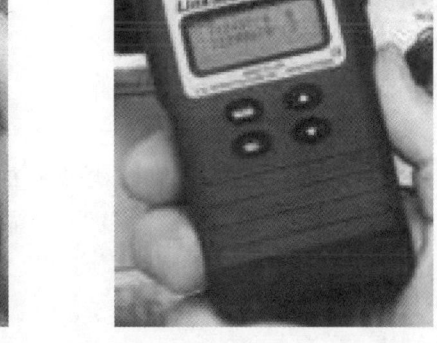

附图 19-2 电缆测线仪

另外，通过测试仪对远端模块的识别，可找到线缆两端的对应关系，及时做好标志建立文档，便于对系统的长期管理。

基础知识二十　信号线敷设施工及测试

线缆敷设前应对线缆进行详细检查，线缆的规格、型号、等级均须符合要求，外观无扭曲、坏损等现象。

一、路径选择技术

两点间最短的距离是直线，但对于布线来说，它不一定就是最好、最佳的路径。在选择最容易布线的路径时，要考虑便于施工，便于操作，即使花费更多的线缆也要这样做。对一个有经验的安装者来说，"宁可使用额外的 1 000 m 线缆，而不使用额外的 100 工时"，通常线要比劳力费用便宜。

如何布线要根据建筑结构及用户的要求来决定。选择好的路径时，布线设计人员要考虑以下几点。
（1）解建筑物的结构。
（2）检查拉（牵引）线。
（3）确定现有线缆的位置。
（4）提供线缆支撑。
（5）拉线速度的考虑。
（6）最大拉力。

二、线缆牵引技术

用一条拉线（通常是一条绳）或一条软钢丝绳将线缆牵引穿过墙壁管路、天花板和地板管。标准的"4 对"线缆很轻，通常不要求做更多的准备，只要将它们用电工带子与拉绳捆扎在一起就行了。

如果牵引多条"4 对"线穿过一条路径，可用下列方法：
（1）将多条线缆聚集成一束，并使它们的末端对齐。
（2）用电工带或胶布紧绕在线缆束外面，在末端外绕 50~100mm 长距离就行了。
（3）将拉绳穿过电工带缠好的线缆，并打好结。

三、建筑物内水平布线技术

建筑物内水平布线，可选用天花板，暗道，墙壁线槽等形式，在决定采用哪种方法之前，到施工现场，进行比较，从中选择一种最佳的施工方案。

1. 暗道布线

（1）暗道布线是浇筑混凝土时已把管道预埋好地板管道，管道内有牵引电缆线的钢丝或铁丝，安装人员只需索取管道图纸来了解地板的布线管道系统，确定"路径在何处"就可以做出施工方案了。
（2）对于老的建筑物或没有预埋管道的新的建筑物，要向业主索取建筑物的图纸，并到要布线的建筑物现场，查清建筑物内电，水，气管的布局和走向，然后，详细绘制布线图纸，确定布线施工方案。
（3）对于没有预埋管道的新建筑物，施工可以与建筑物装修同步进行，这样既便于布线，又不影响建筑物的美观。
（4）管道一般从配线间埋到信息插座安装孔。安装人员只要将 4 对线缆固定在信息插座的拉线端，从管道的另一端牵引拉线就可将线缆拉至配线间。

2. 天花板顶内布线

水平布线最常用的方法是在天花板吊顶内布线。具体施工步骤如下：

（1）确定布线路径。

（2）沿着所设计的路径，打开天花板，用双手推开每块镶板，多条 4 对线很重，为了减轻压在吊顶上的压力，可使用 J 形钩，吊索及其他支撑物来支撑线缆。

（3）假设要布放 24 条 4 对的线缆，到每个信息插座安装孔有 2 条线缆。可将线缆箱放在一起并使线缆接管嘴向上，24 个线缆，每组有 6 个线缆箱，共有 4 组。

（4）加标注，在箱上写标注，在线缆的末端注上标号。

（5）从离管理间最远的一端开始，拉到管理间。

3. 墙壁上布线槽一般遵循下列步骤：

（1）确定布线路径。

（2）沿着路径方向放线（讲究直线美观）。

（3）线槽每隔 1m 要安装固定螺钉。

（4）布线（布线时线槽容量为 70%）。

（5）盖塑料槽盖，盖槽盖应错位盖。

四、电缆标志

（1）TIA/EIA-606 8.2.2.3 规定电缆标签要有一个耐用的底层，材质要柔软，易于缠绕。乙烯基材质均匀，柔软易弯曲，适合于包裹缠绕。一般推荐使用的线缆标签由两部分组成，上半部分是白色的打印涂层，下半部分是透明的保护膜。使用时可以用透明保护膜覆盖打印的区域，起到保护作用。透明的保护膜应该有足够的长度以包裹电缆一圈或一圈半。

（2）连接的线缆上需要在两端都贴上标签标注其远端和近端的地址。

（3）线缆标签分为三类。

① 单根线缆最常用的是覆盖保护膜标签，这种标签带有黏性并且在打印部分之外带有一层透明保护薄膜，可以保护标签打印字体免受磨损。

② 单根线缆也可以使用非覆盖保护膜标签——旗形标签、热伸缩套管式标签。

③ 对于成捆的线缆，建议使用标志卡来进行标志。这种标志卡可以通过尼龙扎带或毛毡带与线缆捆固定，可以水平或者垂直放置。

（4）将标签固定在电缆的每一端，而不是在电缆上做标记；每根水平链路线缆末端都应有标志，标志符号应平行于线缆，位置在距线缆末端 300 mm（12 英寸），标志丁线缆外层的可见部分。

基础知识二十一 信号线缆敷设验收

一、信号线缆敷设注意事项

信号线缆敷设注意事项如附表 21-1 所示。

附表21-1 信号线缆敷设注意事项

问题分类	检查内容
A	信号电缆不应有破损、断裂、中间接头。信号电缆插头安装或加工正确、插接牢固可靠
A	电缆芯线卡接或绕接应牢固可靠,并进行导通测试
A	信号电缆不能布放于散热网孔上,影响机柜散热及电缆寿命
A	尾纤机柜外布放时,必须采取保护措施,如加保护套管或槽道
A	尾纤连接点应干净,无灰尘,未使用的光纤头和单板光口应用保护帽(塞)做好保护,若需清洁时应严格按公司要求规范处理
B	信号电缆走线路径应与工程设计文件相符,便于维护扩容
B	尾纤布放: 1. 布放尾纤时拐弯处不应过紧或相互缠绕,成对尾纤要理顺绑扎,且绑扎力度适宜。 2. 尾纤在线扣环中可自由抽动,不能成直角拐弯。 3. 布放后不应有其他电缆或物品压在尾纤上面。 4. 法兰盘必须固定。 5. 套管应绑扎固定,进行必要的防割处理
B	信号电缆按规范填写标签并粘贴整齐可靠
C	信号电缆布放应横平竖直,理顺、不交叉(出机柜1m内允许交叉),转弯处留适当余量
C	电缆绑扎间距均匀整齐,松紧适度

二、验收项目及方法

(1)线缆布放时路径和规格与设计相符,标志清楚完好。线缆无破损扭曲,拐角处弯曲顺滑,线缆不受力,转接盒、单元机柜内线缆预留长度以保证足够操作余量并且不影响设备安装为准。

(2)管材规格型号符合设计要求,并符合设计穿缆数量的管径要求,安装时贴墙靠脚、固定牢靠、平直清洁、配件齐全,连接处无毛刺缝隙,固定密度应保证管槽线缆不下垂歪斜。入户接盒大小适中,符合设计、施工要求(不得使用四通充当转接盒)安装应牢固、合理、方正美观,位置便于入户,一般距入户处小于等于2m,接内线缆沿内壁盘绕。

(3)单元箱安装位置合理,竖直牢固、清洁美观,无伤痕、污染。箱内配线整齐,设备固定牢靠,绑扎有序,编号与图纸和钥匙相符。

(4)线缆布放:线缆布放时应注意有无进水隐患,要适当设置回水弯。线缆在打孔入楼,楼内布放,墙壁拐角、光/电箱箱体、其他线缆、树木等晃动物体以及其他有可能与线缆发生摩擦或损坏线缆的物体接触的位置应套PVC管保护。

(5)电源引接:楼道机箱引电时应使用单芯线径不低于$1.0\ mm^2$的三芯护套线作为电源引接线使用,不得有接头,不能用接线板接续。

(6)垂直路径:原则上必须完成垂直路径的相应施工。

(7)室外交接箱施工归为红线内施工,有条件的应做防雷接地,接地电阻应小于等于20Ω。

(8)综合布线系统必须按照《综合布线系统工程验收规范》(GB/T 50312—2016)中的有关规定进行安装施工。

(9)如遇规范中未包括的内容,可按《综合布线系统工程设计规范》(GB 50311—2016)中规定执行。

（10）综合布线的建筑群主干布线子系统的施工与本地电话网路相关，因此，要遵循《本地电话网用户线路工程设计规范》（YD 5006—2003）等标准的规定。

（11）工程中的线缆类型和性能、布线部件的规格级质量应符合《大楼通信综合布线系统第1-3部分》（YD/T926、1—3—2001）等规范或设计文件的规定。

（12）布线工程不能影响房屋建筑结构强度，不影响内部装修美观要求，不降低其他系统功能和妨碍用户通道通畅。

参考文献

[1] 电气工程师手册编辑委员会. 电气工程师手册[M]. 北京：机械工业出版社. 2000.

[2] 张瑞武. 智能建筑[M]. 北京：清华大学出版社. 1996.

[3] 孙景芝. 楼宇电气控制[M]. 北京：中国建筑工业出版社. 2002.

[4] 艾永祥. 安装工程禁忌手册[M]. 北京：中国建筑工业出版社. 2002.

[5] 胡崇岳. 智能建筑自动化技术[M]. 北京：机械工业出版社. 1999.

[6] 芮静康. 智能建筑电工电路技术[M]. 北京：中国计划出版社. 2001.

[7] 芮静康. 楼宇电气新技术[M]. 北京：中国建筑工业出版社. 2007.

[8] 李光辉. 电力电缆施工技术[M]. 北京：中国电力出版社. 2008.

[9] 陈昌海. 通信电缆线路[M]. 北京：人民邮电出版社. 2005.